JOSEF M. RITZ · GISLIND M. RITZ · ALTE BEMALTE BAUERNMÖBEL

1

Ritz

Josef M. Ritz · Gislind M. Ritz

Alte bemalte Bauernmöbel

Geschichte und Erscheinung

Technik und Pflege

Verlag Georg D.W. Callwey, München

1 Stubentüre aus dem unteren Traunviertel (Oberösterreich), um 1790
Linz/Donau, Oberösterreichisches Landesmuseum
Vgl. Abb. IL

7., erweiterte Auflage 1971, 30.–40. Tausend

ISBN 3-7667-0061-8

 · Satz und Druck: Kastner & Callwey, München
Bindearbeiten: Druckerei Ludwig Auer, Donauwörth

Geschichte und Erscheinung

2 Ausschnitt aus einem bemalten Minnekästchen
Spätes 14. Jahrhundert
Regensburg, St. Emmeram

Das Bemalen von Bauernmöbeln ist ein Teil einer großen Bewegung volkstümlich farbigen Gestaltens, das zeitlich und landschaftlich bedingt und bestimmt ist. Das ausgehende Mittelalter, das in ganz Mitteleuropa einen kräftigen Einschuß volkhaften Geistes in der Gesamtkultur aufweist, offenbart Neigungen zur Ausbreitung volkstümlicher Malerei auf neue Gebiete. Es kündigt sich beispielsweise das Votivbild an, und man beginnt Holzwerk verschiedener Zweckbestimmung mit Mitteln der Zeichnung und Farbe in neuartiger Weise oder wenigstens in ungewohntem Umfang zu schmücken. Das 17. Jahrhundert verstärkt diese Bewegung – Bemalung von Bauernmöbeln setzt allgemeiner ein –, und das 18. Jahrhundert führt sie, namentlich in der zweiten Hälfte, im Zusammenhang mit einem allgemeinen Hochstand deutscher Volkskunst ihrem Gipfelpunkt zu. Über die Jahrhundertwende dauert diese Kraft und Breite volkstümlicher Malerei und weitet sich in manchen Landschaften sogar innerlich und äußerlich noch aus, um allgemein gegen die Mitte des 19. Jahrhunderts ziemlich rasch abzuklingen. Eine große Lust am farbigen Schmücken und Darstellen hatte damals die Bauern und verwandte Volkskreise ergriffen. Zur vielformigen Möbelmalerei gesellt sich das Hinterglasbild, das in Bayern, Böhmen, im Schwarzwald und in Schlesien in erstaunlichen Mengen erzeugt wird; die emailbemalten Gläser werden verbreitete und beliebte Volkskunst; die Hafnerware – Schüsseln, Töpfe und Wandkacheln – schmückt sich mit figürlicher und ornamentaler Zier und erklimmt damit ihren höchsten Stand. Im bayerischen Oberland und in Tirol legen Bauernhäuser festlichen Freskenschmuck an, und in ihren Innenräumen leuchten nicht selten farbige Bilder und Zierate von Vertäfelungen und Decken. Auch das Kleingerät und Arbeitszeug, wie Hauben- und Bänderschachteln, Brautschaffe und anderes, schmückt sich gleicherweise, und es gibt sogar eine Art von bäuerlicher Miniatur, die sich in geschriebenen Gebetbüchern, Liebes- und Glückwunschbriefen auslebt; das sogenannte Stubenberger Liederbuch, das auf der Staatsbibliothek in München verwahrt wird und aus dem Innviertel stammt, gibt dafür das hervorragendste Beispiel ab.

Das volkstümliche Malen ist also eine machtvoll zwingende Bewegung, die wohl innerlich mit dem Wesen des Barock zusammenhängt und von ihm im einzelnen sichtlich befruchtet wird, aber doch nicht restlos daraus erklärt werden kann. Sie müßte ja sonst landschaftlich unbegrenzt sein. Es hat jedoch nicht das gesamte deutsche Sprachgebiet gleicherweise an ihr teil. Eine Grenze läßt sich beispielsweise ziehen, westlich der im allgemeinen das Bauernmöbel nicht bemalt wurde. Sie fängt im Südwesten in der Schweiz an und fällt hier ziemlich scharf mit der Sprachgrenze zwischen deutsch und welsch zusammen. Dann läuft sie etwa den Rhein entlang, wobei aber im Elsaß und in der Pfalz das bemalte Möbel keineswegs gänzlich unbekannt ist. Denn eine solche Grenze stellt keine Linie, sondern einen Landschaftsstreifen dar. In Mitteldeutschland biegt sie nach Osten ab, fällt dann ungefähr mit dem Südrand niedersächsischen Volkstums zusammen, um, in nordöstlicher Richtung weiterziehend, schließlich das slawische Land zu erreichen, das seinerseits ebenfalls die Möbelmalerei pflegte. Thüringen, Sachsen, die Lausitz und Schlesien liegen also innerhalb der Grenze. Das Gebiet der Möbelmalerei dehnt sich somit weithin. Innerhalb desselben sind Stärkegrade und Zeitdauer ihrer Herrschaft verschieden. Es gibt Enklaven, die das Blankholzmöbel lieben, oder Gebiete, die sich später davon trennen, wie es auch jenseits der genannten Grenze Malereigebiete gibt. Kernlandschaften der Malerei liegen in den Alpen und deren Vorland; Altbayern, Oberösterreich und Tirol sind vor allem zu nennen. Auch Franken kann vernehmlich mitsprechen, und im Norden nehmen Sachsen und Schlesien eine bedeutsame Stellung ein.

Der Brauch der Möbelmalerei beginnt nicht überall zu gleicher Zeit. Über farbige Verzierung volkstümlicher Möbel im frühen und hohen Mittelalter, das eine entsprechende Bemalung auf dem Gebiete der hohen Kunst kannte (Abb. 2), wissen wir nichts Bestimmtes. Zimmermannsmäßiger Schmuck ähnlich den späteren Balkenbemalungen wie am Niederneuchinger Speicher 1581 (jetzt Grub, östlich von München) oder in noch jüngeren Beispielen (Abb. XXXI) ist nicht ausgeschlossen. Die sehr interessante spätgotische Truhe des Wasserburger Heimatmuseums (Abb. 5) könnte man sich als Ausläufer einer solchen gedachten Art vorstellen. In der spätgotischen Kunst wurden dann, wie oben schon bemerkt worden ist, starke volkstümliche Kräfte wirksam, und es gibt in diesem Sinne Holzwerk namentlich kirchlichen Gebrauchs, das in volkskunstverwandter Form farbig ornamental geschmückt ist (Abb. 3, 4). Diese Denkmäler sind über das ganze deutsche Sprachgebiet von Kärnten bis Ostpreußen verstreut; es handelt sich um Flachdecken und Emporenbrüstungen, Sakristeischränke und ähnliches. Die Untersuchungen von Torsten Gebhard[16] haben sowohl die tiefe Verankerung der Schablonier- und Patronenmalerei in der Werkkunst des Mittelalters, als auch vor allem ihre eminente Bedeutung für die Anfänge der Möbelmalerei festgelegt. Vielleicht ist in diesem Sinne der rassige „Bhalter" (Brotschrank) des Wunsiedler Museums (Abb. I) ein wichtiges Verbindungsstück. Er stammt wohl aus dem 17. Jahrhundert, lebt aber in seiner Form und Farbigkeit noch stark aus spätgotischem Gefühl. Diese Brotschränke, auch „Almer" genannt, sind ja überhaupt, wie T. Gebhard[13] nachgewiesen hat, bedeutsame, auf alten Wurzeln ruhende Zwischenglieder. Man muß damit etwa nur den spätgotischen Sakristeischrank der Pfarrkirche aus Klingenberg vergleichen, um dessen gewahr zu werden (Abb. 3). Eine ähnliche Stellung nehmen die Mehltruhen des unterfränkisch-hessischen Raumes ein – wiederum ein Möbel im Zusammenhang mit dem kostbaren Nahrungsmittel. Dieses Beharrungsvermögen auf solch speziellem Gebiet führt offensichtlich in tiefe Schichten volkhaften Verhaltens. Altartig ist die Form – Pfosten-Stollen-Konstruktion, ursprüngliche Gestaltung nach Art des Zimmermanns also –, altartig sind auch

3 Sakristeischrank aus Klingenberg (Sachsen)
Spätgotisch
Dresden, Staatl. Museum für Volkskunst
Schwarzschablonierung auf Blankholz

4 Sakristeischrank, spätgotisch
Bad Wimpfen, Baden-Württemberg,
Kath. Pfarrkirche, Braune Töne

3

4

die Dekorationen. In Arbeiten von Karl Rumpf[69] und Josef M. Ritz[63] erfolgte die Zusammenstellung dieser Möbel. Insbesondere Abb. 7 zeigt diese interessanten Zusammenhänge auf. Der altartige Dekor besteht aus geometrischer Ritzverzierung und sparsamer Malerei: Sonnenwirbel und einem gegenständigen Löwenpaar. Obgleich das Stück 1771 datiert ist, mutet es uns mittelalterlich an. Nur ein Schaffen aus festgefügten Traditionen, nur echte Volkskunst kann so lange bewahren.

Aber auch in anderer Weise und in anderen Rückzugs- und Beharrungsgebieten vermögen gotische Formen noch über Jahrhunderte weiterzuleben, so etwa in den Möbeln des Landes um Eferding im nördlichen Hausruckviertel. Sehr frühe Möbelformen, wie das Kastenbett und die Sitztruhe, verbinden sich mit einer ebenso altartigen Gestaltung etwa der Truhenwand und einer Bemalung, deren Beschränkung auf die elementaren Sinnzeichen und auf bestimmte einfache Farben ebenfalls die Erinnerung an die Arbeit des Zimmermannes, des Möbelherstellers der Frühzeit, weckt (Abb. 8).

Von schicksalhafter Bedeutung für die Entwicklung der Möbelbemalung wird dann die Anwendung der Schablone und die Nachahmung hochwertiger, handwerklich bürgerlicher Techniken, besonders der Einlegearbeit, durch die Malerei[14]. Zu den frühen diesbezüglichen Denkmälern, die meist kirchlich-volkstümlicher Art sind, gehört der Sakristeischrank aus Klingenberg in Sachsen, der heute im Staatl. Museum für Volkskunst zu Dresden steht (Abb. 3), ein kraftvolles Stück, das wie eine zweitürmige Fassade anmutet. Sein Zierwerk ist schwärzlich auf das Blankholz schabloniert. Die gleiche Technik begegnet uns bei den ersten Bauernmöbeln, beispielsweise in Altbayern und Tirol. Die sehr reichhaltige Sammlung des Heimatmuseums in Wasserburg/Inn, die die Entwicklung des

5

6

7

5 Truhe aus der Gegend von
Wasserburg/Inn, spätgotisch
Wasserburg/Inn, Heimatmuseum
Schwarzrote Zeichnung auf Blankholz

6 Truhe, 1579
Fladungen, Rhönmuseum
Schwarze Zeichnung
Teilweise rot gefüllt auf Blankholz

7 Mehltruhe aus der Rhön, 1771
Kassel, Hessisches Landesmuseum
Ritzornamentik und Bemalung
Schwarzrot auf Blankholz

Bauernmöbels vom 16. bis zum 19. Jahrhundert lückenlos darstellt, zeigt schöne Stücke dieser Art, etwa Abb. 11, einen Truhenschrank von 1637, dessen Malerei (Schwarzlot mit wenig Rot auf Blankholz) in ihrer unterschiedlichen Strukturierung das Zusammenwachsen dieses Möbeltypus aus Halbschrank und Truhe verrät. Bald geht man einen Schritt weiter, macht das Ornament farbig und nimmt dann das Figürliche hinzu. Ein Schrank von 1657 im Tölzer Museum (Abb. 15), der sich streng und gemessen gibt, vertritt diese Stufe. Bei dieser Entwicklung spielen graphische Vorlagen (Holzschnitte werden auch unmittelbar auf Möbel geklebt) eine wichtige Rolle; an dem langen Beibehalten solcher Vorbilder läßt sich der Beharrungswille der Volkskunst klar erkennen. So besitzt das Tölzer Museum einen Schrank von 1761, dessen sehr altertümliche Zier auf ein Musterblatt aus dem späten 16. Jahrhundert zurückgeht. Der Schablonierung voraus und zum Teil auch mit ihr parallel geht freihändig aufgetragenes Zierwerk, wie bei dem prächtigen Rettenbacher Sakristeischrank von 1595 (Abb. 9), dessen Lineamente locker und mit beneidenswerter Sicherheit hingeschrieben sind, oder bei den mächtigen, fast mannshohen Sockeltruhen aus der Zeit um 1600 im Wasserburger Museum, die auf ihren gewaltigen Renaissancekörpern kraftvolle Beschlagwerk- und Rankenmalerei mit bescheidensten Resten von Intarsia verbinden (Abb. 13, 14).

Der letzte und sehr bedeutsame Schritt in der Entwicklung des bemalten Möbels ist dann die Grundierung, das heißt das völlige Bedecken des Holzes mit Farbe. Nicht zuletzt hat man das aus

8

8 Eferdinger »Spreißeltruhe«
aus Marchtrenk (Oberösterreich), 1755
Linz/Donau,
Oberösterreichisches Landesmuseum
Schwarzgrün, Hellgrün, Gelb, Rot,
Weiß auf Blankholzgrund

9 Sakristeischrank aus Rettenbach bei Schrobenhausen (Obb.), 1595
Schrobenhausen, Heimatmuseum
Schwarz mit etwas Rot auf Blankholz

Zweckmäßigkeitsgründen getan; man konnte ja nun, was die einschlägigen Verhandlungen in den Akten klar erkennen lassen, auch Holz schlechterer Beschaffenheit, „bös Holz", verwenden. Aber man kam mit dieser Technik auch der Zeitstimmung entgegen, und den ländlichen Malern war nunmehr die Zunge gelöst. Eine bunte landschaftliche Vielheit erblüht, auf die wir im einzelnen noch zu sprechen kommen. Die Grundierung setzt um die Mitte des 17. Jahrhunderts ein, wobei aber die Malerei auf Blankholz daneben noch lange Zeit in Übung bleibt. Die einzelnen Entwicklungsstadien setzen sich natürlich nicht scharf voneinander ab, sondern überschneiden sich.

Können wir die geschilderte Entwicklung in Altbayern, Tirol und Oberösterreich bereits Schritt für Schritt verfolgen, so sehen wir in anderen Landschaften nicht immer so klar. Teilweise setzt das Malen erst erheblich später ein. In Franken beispielsweise herrscht zunächst das plastisch gegliederte und verzierte Blankholzmöbel, und erst gegen Ende des 17. Jahrhunderts taucht zwischen den geschnitzten Halbsäulen und Pilastern schüchtern die Malerei auf. Einen großen Teil des 18. Jahrhunderts dauert diese Mischung der Verzierungsarten (Abb. 17, 23) – man vergleiche hiezu Möbel aus Schlesien und der Schweiz oder dem Salzkammergut (Abb. 18, 32, VI) – mit allmählichem Übergewicht der Malerei fort, bis der Sieg der letzteren vollständig und endgültig wird. Andererseits gibt es in Franken seit dem Ausgang der Gotik eine angewandte volkstümlich-bürgerliche Malerei, die in unserem Zusammenhang von Bedeutung ist. Man könnte eine Reihenfolge derartiger Denkmäler aufstellen, wie die Decke der Kirche von Mindorf, um 1594, noch ganz spätgotisch[36], die Decke von St. Martin in Bürgstadt, 1593[34], ferner Bemalungen von Fachwerkwänden oder Holzvertäfelungen in Schloßinnenräumen, z. B. Wässerndorf, 1555[33] oder in Unsleben, 1562[35] und andere mehr. Dazu kommen Möbel aus der Sozialstufe des Adels mit volkstümlichem Einschlag und Wappenmalerei. Beispielsweise birgt Schloß Thurnau bei Bayreuth eine Anzahl solcher datierter Truhen und Schränke des 16. und 17. Jahrhunderts, die vielfach grüne Anstrichgrundierung aufweisen. Ostfranken zeigt überhaupt eher die Neigung zum Bemalen von Möbeln und Holzwerk in städtisch-bürgerlicher Art. Ein großartiges Beispiel hiefür bietet die Kirche von Benk bei Bayreuth, in der 1749 von dem markgräflichen Hofmaler Heinrich Samuel Lohe die gesamte Einrichtung vom Sakristeischrank bis zu den Kirchenbänken einheitlich ornamental bemalt wurde. Stark in den Volkskunstbereich gehen dann schließlich die bemalten Vertäfelungen zweier Zimmer im Luitpoldmuseum zu Kulmbach, die aus einer dortigen Herberge stammen und wenigstens dem Stil nach noch der Zeit um 1700 angehören (Abb. 71). Die Voraussetzung für eine frühe und ins Breite gehende bäuerliche Möbelmalerei war also auch in Franken gegeben. Es schien zu Ausgang des Mittelalters, als ob sich die volkstümlichen

10 Halbschrank aus dem Isarwinkel (Obb.), 1690
(mit späteren Ergänzungen)
Bad Tölz, Heimatmuseum
Blauer und brauner Grund, dazu Weiß, Rot und Blau

11 Halbschrank aus der Gegend von Wasserburg/Inn, 1637
Wasserburg (Inn), Heimatmuseum
Schwarz mit Rot auf Blankholz

gestalterischen Kräfte in einer umfassenden Mal- und Farbenbewegung hätten ausleben wollen. Die Renaissance, von Nürnberg ausstrahlend, ist mit den architektonisch-plastischen Möbeln dazwischen getreten und hat die Entwicklung zunächst in andere Bahnen gedrängt. Das plastische Blankholzmöbel der ersten bäuerlichen Stufe ist das Ergebnis dieser Einwirkung, das aber nur wie ein Zwischenspiel anmutet. Denn wenn auch die Form des Architekturschrankes wenigstens in Verflachungen ein Jahrhundert lebt, so wird sie von der Farbe und der Malerei alsbald angegriffen und schließlich auch im Körper völlig umgebildet. Es ist, als ob die zurückgedrängten, spätmittelalterlich-volkstümlichen Impulse wieder lebendig geworden wären; auch bestimmte soziale Schichtungen sprechen dabei mit[61].

So kann die Entwicklung innerhalb des Stammesgebietes nicht einheitlich sein. Die Rhön zum Beispiel kennt frühzeitig – bereits im 16. Jahrhundert (Abb. 6) – die entwickelte, reine Malerei und bereits im 17. Jahrhundert setzte sich hier ein Truhentypus durch, der, für zwei Jahrhunderte verbindlich, nur mehr rudimentär in den drei Rundbogenfeldern die plastische Haltung des bürgerlichen Renaissancemöbels ahnen läßt. Abb. 20 ist mit der Verbindung von Schrift und Menschendarstellung und in seinem vielteilig mosaikartigen Farbsystem wohl das kostbarste Stück dieser Entwicklung; Abb. 21 vertritt eine spätere Stufe[63].

Die Entwicklungsprobleme mögen in den einzelnen in Betracht kommenden Landschaften verschiedenartig liegen, überall hat sich jedenfalls in der zweiten Hälfte des 18. Jahrhunderts die Möbelmalerei und damit eine eigenständige Volkskunst durchgesetzt, und der Reichtum von Gestalt, Zier und Farbigkeit wird nun groß und vielfältig. Gerade was das letztere, die Farbigkeit, betrifft, möchte die vorliegende Veröffentlichung eine Lücke der bisherigen Literatur ausfüllen und einen Überblick über dieses so wichtige Ausdrucksmittel des Malens sowohl in zeitlicher als auch in landschaftlicher Hinsicht geben und so der Forschung und den Freunden der deutschen Volkskunst zum erstenmal die wichtige Möglichkeit des Zusammensehens und des Vergleichs bieten. Darüber hinaus möchte unmittelbare Freude und Anregung geweckt werden. Es ist nun notwendig, mit dem Worte die Folge der Tafeln zu ergänzen und auszuweiten, zeitliche und landschaftliche Wesenheiten der Farbgebung aufzusuchen.

Volkskunst hat eine bestimmte Grundfarbigkeit, die jedoch von landschaftlichen und zeitlichen Einflüssen und Bedingungen, zuweilen sogar von behördlichen Regelungen abgewandelt wird. Wollen wir zunächst die zeitliche Abfolge betrachten, so müßte sie vor den Hintergrund der Generalfarbigkeit der jeweiligen Stile, wenn man sich so ausdrücken darf, gestellt werden. Mit diesen Fragen – die angewandte Kunst, das Kunstgewerbe, wäre als besonders wichtig einzubeziehen – hat sich die Forschung aber noch wenig beschäftigt.

Arbeiten von Barbara Brückner[5] und Torsten Gebhard[15] haben hier erste Anhaltspunkte für einen bestimmten Raum und im Grundsätzlichen erbracht. Weiterführen werden aber nur Spezialuntersuchungen, die mehr oder minder statistisch die Farb-

12 Wandmalerei aus einem Bauernhaus in Tyrlbrunn (Rupertiwinkel, Ostoberbayern)
17. Jahrhundert
Vorwiegend rot-gelb-blaue Töne auf hellem Grund

13 Sockeltruhe aus der Gegend von Wasserburg (Obb.), gegen 1600
Wasserburg (Inn), Heimatmuseum
Schwarz und Rot auf Blankholz

systematik von klar abgegrenzten Möbellandschaften erschließen. Ein solcher Versuch hat für das Fichtelgebirge bereits interessante Informationen ergeben, die aber auch zeigten, wie sehr oft äußere Umstände, etwa ein neues Angebot an Gestaltungsmitteln, zu Wandlungen im Farbcharakter führen können. Daß im übrigen solche äußere Ursachen u. U. die Farbwahl an sich bestimmen, zeigt etwa die bevorzugte Verwendung von Grün, der Landesfarbe, an den Möbeln der Steiermark.

Es ist schwierig, die Farbigkeit der Bauernmöbel des 17. Jahrhunderts, zumal sie nicht allzu zahlreich erhalten sind, auf einen Generalnenner zu bringen. Nach archivalischen Nachrichten und nach vorhandenen gestrichenen Bürgermöbeln zu schließen, scheint sehr allgemein Grün eine hervorragende Rolle als Fassungsfarbe gespielt zu haben. Aber auch Schwarz ist, zum Beispiel für Oberösterreich, bekannt. Für das Ende des 17. Jahrhunderts belegt der kraftvolle Kasten aus Tölz (Abb. 10) dann die Verwendung von bereits zwei Farben, von Blau und Braun, als Grundtönung.

Die tirolischen und bayerischen Bauernmöbel des 17. Jahrhunderts lassen davon aber im allgemeinen wenig merken. Zunächst spielt das Braun des Naturholzgrundes die große Rolle, das mit dem Schwarzlot der Zeichnung zusammen dunkel und verhalten wirkt. Auch die reichere Farbigkeit bringt im allgemeinen keine grundsätzliche Änderung. Graublau, Braun, Braunrot, Weiß ist ein bezeichnender Akkord, der abgewandelt werden kann, worin bei aller Kraft eine gedeckte Stimmung, ein In-sich-Verwobensein herrscht (Abb. IV, aber auch noch III). Es sei vor allem an die Braun-in-Braun-Tönung der Alpbacher Möbel erinnert. Unser diesbezügliches Beispiel (Abb. V) gehört bereits der ersten Hälfte des 18. Jahrhunderts an und ist deshalb schon feuriger, es lebt aber immer noch stark aus der Farbempfindung der frühen Alpbacher Stufe. Als weiteres Beispiel für die Farbmöglichkeiten des 17. Jahrhunderts nennen wir das prachtvolle Bett von 1655 im Bayerischen Nationalmuseum, das dem Tölzer Bereich zuzurechnen ist (Abb. II). In seiner schweren Körperlichkeit ist es typisch für diese Epoche und trägt eine Farbigkeit, wie sie aus zeitgenössischer Stadtkunst etwa der Münchener Renaissancemalerei bezogen sein kann.

Wenn man einen verwandten Akkord aus dem 18. Jahrhundert, etwa den oberösterreichischen Schrank aus dem Passauer Museum (Abb. IX), dagegen hält, ist der Zeitunterschied deutlich zu merken. Denn unter dem Einfluß des Rokoko lichtet sich die gesamte Farbgebung auf, zumal die Bauernmöbel im ganzen, wie ihre Malerei wenigstens in bestimmten Landschaften, z. B. im bayerischen und schwäbischen Alpenland und Alpenvorland, in Tirol und in Teilen der Schweiz, dem Zeitstil nähertreten. Der eben vergleichsweise genannte Passauer Schrank strömt in diesem Sinne die Festlichkeit eines würzig-ländlichen Rokoko aus. Er ist, von der höfisch-bürgerlichen Einlegearbeit herkommend, auf einen bräunlichen Gesamtton gestimmt. Daneben tritt nun das Blau in seine beherrschende Stellung, die nicht eine Modeerscheinung sein, sondern bis fast an das Ende der Möbelmalerei bestehen bleiben wird (z. B. Abb. X, XVIII, XII, XX, XVI, XVII, XXXVIII). Der Klassizismus bringt dann vor allem ein lichtes Grün als neue Farbe, oder auch feine graue Zwischentöne, was alles offenbar vor allem im schwäbischen Raum Anklang fand (Abb. XXVI, XXII,). Es mag hier, mit der für die Volkskunst charakteristischen zeitlichen Verschiebung, die differenziertere und anmutige Farbigkeit des Rokoko wirksam geworden sein. Dies glaubt man etwa auch in den eigen-

14 Truhe aus der Gegend von Wasserburg (Obb.), um 1600
Wasserburg (Inn), Heimatmuseum
Schwarz und Rot auf Blankholz, die vier Rundornamente eingelegt

15

16

artigen, doch höchst reizvollen Möbeln der sogenannten „Tischlermeisterin aus dem Aurachtal", der Eleonore Fettinger, zu spüren (Abb. VI). In Altrosa ist der Grund gehalten, als ungewöhnlich subtil erweist sich die Ausführung, die sich dem stark plastischen Gefühl dieser Landschaft (gewölbte Türfüllungen, reiches Balusterwerk) in einer preziösen Spannung verbindet.

Mit dem Fortschreiten der Zeit ins 19. Jahrhundert hinein und dem Nachlassen des Einflusses von der bürgerlichen Kunst her, die selbst immer kraftloser wird, erringt das bemalte Bauernmöbel seine größte Eigenständigkeit. Es wird in Zier und Farbe derber, aber auch kraftvoller, womit wieder eine tiefere, in sich gegensätzlichere Tönung einhergeht. In dieser Zeit, etwa in den Jahren um 1800 bis 1830, erreicht zum Beispiel das zeitweise stilnahe Tölz eine echt volkskunsthafte, selbständige Malerei mit tieferem Blau oder Grün als Grund, auf dem die Zier – es sind besonders Rosen – mit viel leuchtendem, weiß gehöhtem Rot steht (Abb. XIV bzw. XV). Es ist das eine verhältnismäßig plötzlich auftretende, beherrschende Erscheinung von hohem Interesse.

Eine ähnliche Spät- oder Enderscheinung, doch aus ganz anderer Wurzel, ist das plötzliche Wiederaufleben einer barocken Stilgesinnung von urbäuerlicher Gewalt in der Möbelmalerei von Obstädt bei Grafing. Hervorgegangen aus einer Werkstättenfolge, die auf Klosterschreiner des 18. Jahrhunderts zurückführt, hat hier Balthasar Wimmer mit seinen zahlreichen Gesellen gegen die Mitte des 19. Jahrhunderts ganze Ausstattungen in der Art von Abb. 38 geschaffen: leuchtend grün und rot marmoriert, mit kleinen Füllungsbildern, die jedoch völlig zurücktreten vor den charakteristischen, überquellend reichen, phantastischen Zierschnitzereien der Aufsätze, die noch in glänzenden Farben, in Silber und Gold gefaßt werden[28].

In der Hauptzeit der deutschen bemalten Bauernmöbel, das ist die zweite Hälfte des 18. und die erste Hälfte des 19. Jahrhunderts, zeichnen sich auch die landschaftlichen Farbunterschiede stärker ab. Wenn wir nun eine Wanderung durch deutschsprachige Gebiete der Möbelmalerei antreten, so gilt hier besonders der oben geäußerte Wunsch nach intensiverer Forschungsarbeit in den verschiedenen Volkskunstgebieten. Auch vermag die Farbbeschreibung an sich der Wirklichkeit schwer zu folgen. Die Untersuchung von

15 Halbschrank aus dem Isarwinkel (Obb.), 1657
Bad Tölz, Heimatmuseum
Schwarz-Blau-Weiß-Schablonierung auf Blankholz

16 Truhe aus dem Alpbachtal (Tirol), 1664
Innsbruck, Tiroler Volkskunstmuseum
1. Stilstufe: Schwarz-Rot auf bräunlich gefirnißtem Blankholz

17 Truhe aus Württembergisch-Franken, frühes 19. Jahrhundert
Würzburg, Mainfränkisches Museum
Grund hellblau; Marmorierung rot-blau-gelb-weiß; Hauptfarben Gelb, Rot, Blau, Weiß

Torsten Gebhard über die altbayerischen Bauernmöbel[12] hat gezeigt – ebenso wie die Bearbeitung des ja noch reicheren oberösterreichischen Raumes durch Franz Lipp[38, 40] – daß innerhalb einer Stammeslandschaft Form und Farbigkeit sehr rasch zu wechseln vermögen. Für Oberbayern etwa ist festzustellen, daß Tölz, der benachbarte Mangfallgau (d. h. die Gegend von Miesbach und Aibling und das Leitzachtal), oder das Inntal ihre besondere Note entwickelten. So steht inmitten einer jener für das spätere 18. Jahrhundert so charakteristischen Blau-Rot-Weiß-Großlandschaften beispielsweise das Inntal mit den Arbeiten des aus Tirol stammenden Schreiners und Malers Anton Perthaler von Degerndorf (Inn)

18 Schrank aus Stein (Kanton Appenzell), 1745
Zürich, Schweizerisches Landesmuseum
Hauptfarben: Rot, Blau, Grün, dazu Schwarz und Weiß, vor allem als abwechselnde Tönung des Grundes
Vgl. Abb. XL

eine Möbelgruppe von starker Eigenart (Abb. 39): Die Laub- und Bandwerkmuster der oberschichtlichen Intarsiamöbel der Zeit werden in Malerei umgesetzt. So entstehen Möbel von einer das Naturholz wiedergebenden Grundfarbigkeit; auf dem hell- und dunkelbräunlich gestreiften Grund aber fügt sich die Fülle feingliederiger Details in grünen, rötlichen, weißen, ja goldenen Tönen zu einem Gewebe von seidigem Glanz.

Wenn nun verwandte Art in Oberösterreich, bei den Reiterkästen aus Linz und St. Florian, wieder auftaucht (Abb. IX, 70), so zeigt der Vergleich einmal die stärkere farbliche Ausgewogenheit und Tiefe der oberbayerischen gegenüber der oberösterreichischen Variante; zum anderen aber läßt er erkennen, daß in der Volkskunst bestimmte Phänomene weite Räume überspringen können, wenn sie von den gleichen Voraussetzungen ausgehen und daß sie dabei zu im Grundsätzlichen entsprechenden, im Effekt aber höchst verschiedenen Lösungen gelangen können.

Es bildet die Nachahmung von Holzton und Holzstruktur, die braune Masermalerei, an sich schon ein geradezu unerschöpfliches

19 Schrank aus Bachheim (Hochschwarzwald)
Spätes 18. Jahrhundert
Karlsruhe, Badisches Landesmuseum
Grund bräunlich-blau marmoriert, dazu wesentlich Ziegelrot und Weiß

Anschauungsmaterial für die unendlichen Möglichkeiten des Ausdrucks, der Individualität, die dicht nebeneinander im Raume des volkstümlichen Möbels existieren können. Den Ausgangspunkt bildet die eigentliche Furniermalerei, den Endpunkt das abstrakte, in Form- und Farbgebung vom Holzcharakter völlig gelöste Ornament, das einen gänzlich anderen Aussagewert gewinnt. Denn hier ist einer der Orte, wo das Stilisierungsbedürfnis des Volksmenschen einen besonders günstigen Ansatzpunkt hat – ein Vorgang, dem übrigens auch die bunte Marmorierung unterworfen ist, die an bestimmten Möbelpartien (Sockel, Gesimse, Schlagleiste) gerne Verwendung findet. Ein niederbayerisches Beispiel (Abb. XLIV) zeigt eine solche ornamentale Umsetzung der Grundmaserierung (wobei auch der sogenannte „Kammstrich", ein sehr altes Wellenmuster in Parallelstrichen, auftritt) und der Marmorierung. Leuchtend heben sich die sonoren Farben der Füllung vom in sich bewegten, tieftonigen Grund ab. Nach Westen zu, in der Gegend von Haag/Obb., wird dann beispielsweise der Braungrund zu einem sehr warmen, marmorartigen Gelbbraun, dem bunte

20

20 Truhe aus der Rhön, 1736
Fladungen, Rhönmuseum
Grund blau, viel Weiß, im übrigen Rot, Braun, Grün

21 Truhe aus Nordheim/Rhön, 1786
Fladungen, Rhönmuseum
Grund Arkaden: blaugrün; Felder: englisch-rot bzw. hellblau, dazu vorwiegend Rot, Orangerot, Weiß, Grün

22 Schrank aus der Rhön, 1793
Fladungen, Rhönmuseum
Grund blau, braun, rötlich und weiß, darauf Blau und Weiß

23 Kleine Truhe, fränkisch, 1779
Würzburg, Mainfränkisches Museum
Grund braun, Zeichnung in Rot, Blau, Grün und Weiß

24 Truhe aus dem Alpbachtal (Tirol), 1784
Innsbruck, Tiroler Volkskunstmuseum
3. Stilstufe: reiche kleinteilige Farbigkeit in Schwarz, Weiß, Rot und Grün auf bräunlich gefirnißtem Blankholz

21

Einsprengungen eingefügt sind. Gerade der Raum um Wasserburg (Inn) scheint ein Begegnungsfeld vieler Werkstätten zu sein, die teilweise wiederum den Anschluß zum oberbayerischen Süden bilden.

Doch von diesem Exkurs in die Detailbeobachtung, die dazu anregen sollte, die typischen Farbkonstellationen auch in den Einzelheiten der Malerei aufzusuchen, zurück zu den größeren Typenräumen.

Auch die Volkstumlandschaft südlich unseres oberbayerischen Ausgangsgebietes um Mangfall und Isar, Tirol, läßt uns diese Vielfalt des künstlerischen Fühlens und Aussagens finden, in welche die intensive Forschung von Karl von Radinger[51f], Josef Ringler[53ff] und Franz Colleselli[7f] einführt. Dabei sind äußerste Gegensätze möglich, wie die festlich gestimmte Buntheit des Zillertales (Abb. XIII) und die strenge, herbe, in der Frühzeit fast düstere Haltung des Alpbachtales (Abb. V).

Selten dürfte übrigens die oben erwähnte, aus den Wandlungen des – auch in der Volkskunst vorhandenen – Stilgefühls geborene Farbentwicklung vom 17. zum 18. Jahrhundert sich so gradlinig vollziehen, wie in den drei Stilstufen der Alpbacher Malerei.

Die erste Stilstufe, das 17. Jahrhundert umfassend, hält ihren noch völlig linearen Doppelherzdekor mit seinen knapp umrissenen Blättern und Tulpen (Abb. 16) ganz im Sinne dieses Jahrhunderts allein in den Farben Schwarz und Rot auf bräunlich gefirnißtem Blankholzgrund. Auf der zweiten Stilstufe – vom Beginn bis in das dritte Viertel des 18. Jahrhunderts – erweitert man den Farbakkord auf Schwarz, Weiß, Rot und Grün; dazu wird noch der braune Firnis über dem blanken Holz durch Kämmen lebendiger gestaltet, so daß zusammen mit der wachsenden inneren und äußeren Fülle der Formen und Muster der Eindruck höchster, doch vornehm-zuchtvoller Pracht entsteht (Abb. V, 62). Der dritte Stil, die Spätblüte der Alpbacher Malerei, die noch den Übergang in das 19. Jahrhundert vollzieht, fügt schließlich der alten Farbigkeit noch Blautöne verschiedener Stufung hinzu (Abb. 24, 25, 26).

Während also im Alpbachtal die Entwicklung innerhalb einer gesetzten Ordnung, gleichsam auf vorgezeichneter Bahn, fortschreitet, nimmt sie im Zillertal einen ganz anders gearteten, dem altbayerischen Geschehen verwandten Verlauf. Um die Mitte des

18. Jahrhunderts kommt es plötzlich wie ein Farbenrausch über das Tal und löst die gedecktere vorausgehende Farbigkeit, Schwarz, Rot, Weiß auf dem Braun des Blankholzes, ab. Die nun auftretende Grundierung ist meist hellblau, grün, gelegentlich rosarot, die Füllungen sind in Form und Farbe saftig, ihre Farbtöne schwingen zuweilen als Marmorierung über die meist noch kräftige, plastische Gliederung hinweg, alles in fröhliche Stimmung tauchend. Aus der gleichen Wurzel eines gesteigerten Lebensgefühles heraus werden auch die Motive aufgefrischt und bereichert (Abb. XIII).

Bis ins 19. Jahrhundert herein hält diese Bewegung an, sich teilweise noch steigernd, teilweise in zarte Rokokostimmung übergehend (Abb. 34, 35), bis sie in einem letzten Aufflackern gegen die Mitte des vorigen Jahrhunderts mit einer schon derberen Buntheit erlischt.

Die neue umfassende Darstellung des Tiroler und Südtiroler Materials durch Franz Colleselli[8] zeigt nicht nur die Vielfalt Tirols in seinen höchst charakteristischen Möbellandschaften, sondern ebensosehr die Entwicklungslinien innerhalb der einzelnen Räume, die meist mit den Tälern übereinstimmen. Neben Pitz- und Ötztal, Gadertal und Enneberg, die mit der Farbe sehr sparsam umgehen, sie oft nur zur Unterlegung oder Auszier von Schnitzdekor benutzen, sind in unserem Zusammenhang vor allem das Branden-

22

23

24

25 Schrank aus dem Alpbachtal (Tirol), 1773
Innsbruck, Tiroler Volkskunstmuseum
3. Stilstufe: reiche Farbigkeit in Schwarz, Weiß, Rot und Grün auf bräunlich gefirnißtem Blankholz

berger Tal zu erwähnen mit seiner strengen, geradezu graphischen Beschränkung auf Weiß, Rot und Grün vor einem lediglich lasierten, gelblichen Grundton, die der Linearität der dünnen, langstieligen Nelkenbäume (Abb. 28) und des dicht verästelten Tulpendekors entsprechen. Das Sarntal entwickelt den eigentümlichen Farbakkord von Dunkelblau und Rot mit Weiß-Effekten auf ockerfarbenem Grund. Das stark städtisch beeinflußte Land um Bruneck im Pustertal bringt eine reiche, zartgetönte Blumenmalerei. Doch erreicht keine dieser Landschaften die Ausdruckskraft und -fülle der beiden erstgenannten Gebiete.

Mit einem Blick auf den prächtigen Oberinntaler Schrank von Abb. XVIII, der stark aus der Stilkunst lebt, in seiner Tönung aber doch auch volkstümliche Haltung hat, gehen wir zur Lechgegend und zum tirolisch-allgäuischen Grenzgebiet hinüber. Das Bayerische Nationalmuseum birgt hiezu zwei schöne Vertäfelungen aus dem Tannheimer Tal, von denen wir die eine (Abb. XXXIII, 73) abbilden. Sie ist kräftig und klar in Gliederung und Farbe, während die andere gedämpftere Gelbweißtöne bevorzugt. Beide lehnen sich stark an den Zeitstil an, was für Tirol wie für Schwaben nicht verwunderlich ist. Die letztere Landschaft ist in der Rokokozeit geradezu angefüllt mit tüchtigen Malern, Freskokünstlern vor allem, die nicht nur im Kunstzentrum Augsburg, sondern auch in Füssen, Kempten, Donauwörth, Weißenhorn und andernorts saßen. Schwaben hat denn auch eine feine volkstümliche Möbelmalerei hervorgebracht, auf die schon Zell[95] hinwies. Es sei zum Beispiel der Schreiner Xaver Boos aus Baisweil genannt, von dem Arbeiten im Kaufbeurer Museum zu sehen sind (Abb. XXXIV). Farbigkeit und Motive leben hier, ebenso wie bei den Wiegen des gleichen Museums, aus der Stimmung des Spätrokoko und des Klassizismus (Abb. XXVI). Das reizende Eckkästchen aus dem Museum Immenstadt dagegen (Abb. XXII) und noch mehr etwa ein schöner Schrank in Ottobeuren mit seiner kraftvollen Buntheit rücken schon stärker von dieser Zone ab. Der letztere leitet zur nordschwäbischen Gruppe über, von der weitere Beispiele in den Museen Donauwörth, Günzburg oder Weißenhorn zu sehen sind. Die Malerei wird hier im allgemeinen bäuerlicher und gibt sich in kräftigen Gegensätzen. Irgendwo zwischen den schwäbischen Bergen und der Donau müssen auch jene prächtig geschnitzten

26 Kopfbrett einer Bettstatt aus dem Alpbachtal (Tirol), 1773
Innsbruck, Tiroler Volkskunstmuseum
Leuchtendes Rot, Schwarz, Weiß und Grün auf tiefbraun gefirnißtem Blankholz

Schränke und Halbschränke beheimatet sein, die kräftige Farben, vor allem Blau, Grün und Gold, mehr fassungsmäßig verwenden, deren Füllungen aber meist mit Blumenvasen sehr gewandt bemalt sind. Sie haben etwas tieftonig Prunkendes an sich, eine volkstümliche Bürgerlichkeit, die etwa an Kleinstädte Mittelschwabens als Ursprungsort denken läßt[111].

Aber auch in der Schweiz kommt eine ähnliche Spielart vor. Bei Baud-Bovy[1] ist ein derartiges Stück aus Appenzell von 1797 abgebildet, dessen teils geschnitzte, teils gemalte Zier heller und hie und da selbst golden aus dunklem Grund herausleuchtet. Das ist aber auch wieder nur eine der vorhandenen ostschweizerischen Farb- und Formmöglichkeiten. Unsere Abbildung 18 eines Appenzeller Schrankes von 1745 aus dem Landesmuseum in Zürich läßt schon in der Schwarzweiß-Wiedergabe ahnen, daß er einen anderen Akkord spielt, der hauptsächlich die Töne Blau, Rot, Grün getrennt durch Weiß und Schwarz, enthält (Ausschnitt XL). Er gehört freilich einer noch etwas früheren Zeitstufe an, als die sonst in diesem Zusammenhang behandelten Möbel.

Für den baden-württembergischen Raum hat A. Walzer[92] die großen

27 Sockelschrank aus der Gegend von Wasserburg (Obb.), 1639
Wasserburg (Inn), Heimatmuseum
Rot, Grün, Weiß und Schwarz auf Blankholzgrund

28 Sockelschrank aus dem Brandenberger Tal (Tirol), 1712
Innsbruck, Tiroler Volkskunstmuseum
Grund gelblich braun lasiert, dazu Schwarz, Rot, Weiß

29

30

Linien der Entwicklung zu bestätigen vermocht, die uns bereits anderwärts begegneten. Große Vielfalt zeichnet sich hier ab. So bilden die Möbel der Uhrmachergegend um Lenzkirch, Furtwangen und Neustadt eine eigene Gruppe, die ihre handwerkliche Prägnanz aus der Uhrschildmalerei (Abb. 67, XXIX, XXX) und deren spezifischer Lacktechnik bezieht, wie überhaupt der Hochschwarzwald (Abb. XVIII) neben etwa Oberschwaben oder dem Hohenloher Land in kraftvoller Individualität hervortritt.

Während man nun auf der Baar, im Schwarzwald oder auch am Bodensee vielfach einer weichen oder gebrochenen Farbigkeit, graublauen und graugrünen Tönen begegnet, ändert sich die Lage vollkommen, wenn man den fränkischen Teil des heutigen Landes Baden betritt, den Odenwald und das Bauland. Hier liebt man Farben, die im Bauernmöbel als Grund seltener vorkommen, nämlich ein wärmeres Braunrot bis zum Zinnober. So geartet ist zum Beispiel die Grundfarbe an dem aus Mudau stammenden Schrank von 1830 im Badischen Landesmuseum zu Karlsruhe (Abb. 43, L). Seine Felder sind gelb untermalt, die Zeichnungen braun und dunkelgrau-grün. Rotbraun kommt, wenn auch nicht in dieser beherrschenden Art, als Teilton auch sonst in Franken, so beispielsweise in der Feuchtwanger Gegend oder im Frankenwald vor. Ebenso zeigt Rotbraun mit Gelb ein Schrank im Museum von Schweinfurt. Im übrigen ist an sich im fränkischen Bereich bis tief nach Osten in die Oberpfalz hinein blauer Grund in ver-

29 Schrank aus Herrnhut (Oberlausitz), 1789
Dresden, Staatl. Museum für Volkskunst
Sehr reiche Farbigkeit auf grünem Grund

30 Schrank aus Schlesien, 18. bzw. 19. Jahrhundert
Breslau, Schlesisches Museum für Kunst, Gewerbe und Altertümer
Vorwiegend braune und gelbe Töne

31

32

31 Brotalmer aus Hermsdorf (Riesengebirge) 18. Jahrhundert
Breslau, Schlesisches Museum für Kunst, Gewerbe und Altertümer
Rot-blau gemustert, dazu Flächen von gelblich gebrochenem Weiß

32 Brotalmer aus dem Riesengebirge, bez. 1798 (ursprünglich wohl noch spätes 17. Jahrhundert)
Breslau, Schlesisches Museum für Kunst, Gewerbe und Altertümer
Grund dunkelgrün, Zeichnung in Gelb, Weiß und Rottönen

schiedenen Varianten weithin die tragende Farbe. Als Beleg führen wir den Schrank von 1831 aus der Gegend von Feuchtwangen an (Abb. XVI). Doch ist daneben aus der gleichen Landschaft auch wieder grüner Grund überliefert (Abb. 41), oder ockergelber Grund mit blau-rot-grüner Zeichnung anzutreffen. Wenn wir also die stattliche Möbelreihe des Feuchtwanger Museums betrachten und dazu als Ergänzung die Sammlungen der Museen Windsheim und Heilsbronn heranziehen, so erweist sich die Farbigkeit bereits innerhalb dieses begrenzten Raumes und während einer Zeitspanne von etwa dreißig Jahren als sehr differenziert. Ähnlich verhält es sich mit den Flössertruhen, wie sie das Kronacher Museum bewahrt, die man aber auch – da sie mit den Flößern main- ja rheinabwärts wanderten – weit entfernt vom heimatlichen Frankenwald antreffen kann. Häufig tritt hier das fränkische Blau als Hauptfarbe auf, mit Weiß, Gelb oder Rotbraun als Füllungsgrund, auf dem dann wieder bunte Blumen stehen. So kann der tiefe, kräftige Akkord, der aus der schönen Truhenwand des Kronacher Museums (Abb. XXIII) leuchtet, nicht unbedingt als allgemeingültig betrachtet werden. Ihren besonderen Charakter hat dann wieder die Rhön, wofür das Museum Fladungen schöne Beispiele zeigt. Bei an sich unterschiedlichen Farbstimmungen setzt sich die Gesamtfarbigkeit aus mehrfach wechselnden Einzelflächen zusammen und besitzt keinen bevorzugten Gesamt-Grundton. Dazu kommt noch die betonte Verwendung von Weiß als gemeinsamer Note (Abb. 20, 21, 22).[63]

So scheint es denn fast ein aussichtsloses Beginnen, eine gebietsmäßige oder stammliche Gesetzlichkeit aus der bunten Vielfalt der Erscheinungen herauszukristallisieren, und doch sind die landschaftlichen Prägungen vorhanden. In diesem Sinne wird man für Franken wenigstens die sehr allgemeine Feststellung machen können, daß die Farbigkeit, wie auch Form und Motiv, im Gegensatz zu bayerisch-schwäbischen Gebieten, weniger zeitstilbeeinflußt, also bäuerlicher und eigenständiger ist.

Nach Thüringen und ins Egerland sind die Grenzen fließend. Im letzteren Gebiet war etwa Blau-Rot-Braun der frühere Akkord; später lichtet sich die Stimmung auf, und Egerländer Möbel des Germanischen Museums zu Nürnberg zeigen mit Blau zusammen zart rötliche Töne (Abb. 64).

Können wir bei unserer Wanderung nicht alle Landschaften gleicherweise berücksichtigen, so müssen wir doch bei Sachsen etwas verweilen. Es besaß, wie schon betont wurde, eine bedeutende Möbelmalerei, die bereits im 17. Jahrhundert einsetzt. Oskar Seiffert[83] weist auf einen strengen, kraftvoll bemalten Kasten mit Kammstrichflächen und Blumenfüllung hin, der braun getönt ist und noch in das 17. Jahrhundert gehören wird, sowie auf eine entwicklungsgeschichtlich bedeutsame Truhe, die plastische Gliederung mit Bemalung (Blumenvase auf rotbrauner Grundierung) vereinigt. Bei Adolf Spamer[108] finden wir einen Schrank von 1692, der schon völlig bemalt ist und wie „eine Kopie von Schnitzschränken" anmutet. Erwähnen wir noch, daß auch die farbige Übersetzung von städtischen Intarsiamotiven vorkommt, so werden in Sachsen ähnliche Quellen und Vorstufen wie in anderen deutschen Landschaften sichtbar.

Körper sowie Form und Farbe der Zier vereinigen sich bei sächsischen Möbeln nicht selten zu eigenartiger und sehr ausdrucksvoller

33

34

35

36

33 Schrank aus der Salzachgegend, Mitte 18. Jahrhundert
Tittmoning (Obb.), Privatbesitz
Bräunliche Maserung als Grund, Malerei in roten und gelben Tönen

34 Schrank aus Mayrhofen im Zillertal (Tirol), 1822
Innsbruck, Tiroler Volkskunstmuseum
Grund blau, Marmorierung braun-grau-weiß-rot, Landschaften blau-braun, Seitenfelder auf weißem Grund Rot-Grün, Rocaillen grau

35 Türfüllung eines Schrankes aus dem Zillertal (Tirol), 1777
Innsbruck, Tiroler Volkskunstmuseum
Grund weißlich, in der Zeichnung Rot und Blau vorherrschend

36 Truhe aus der Gegend von St. Florian bei Linz (Oberösterreich), 1779
Regensburg, Privatbesitz
Vielteilige Farbigkeit mit leuchtendem Rot, Blau und Braun

Gestaltung. Dabei sind Grün, Blau und Rotbraun die tragenden Grundfarben, Blau vor allem, wenn auch nicht ausschließlich, in der Lausitz, an der übrigens auch Schlesien und Brandenburg Anteil haben (Abb. 29). Rotbraun ist der Füllungsgrund bei dem auf Abb. XX abgebildeten sächsischen Schrank; er hat dunkelgrünen Gesamtgrund, der auch sonst zu finden ist, wie selbst Gelb als beherrschende Farbe nicht fehlt. Spamer[108] stellt folgenden Ablauf der Grundierungstöne fest: 17. Jahrhundert Grün, zwischen 1750 und 1790 sattes Tiefgrün, Braungrün bis lichtes Graugrün; daneben seit 1775 Blau. Letzteres verblaßt zu Beginn des 19. Jahrhunderts, flackert aber in der Lausitz um 1825–1835 nochmals auf. Doch zeigen dort, wo die ganze Stube zu einheitlich farbiger Wirkung zusammenwächst, die meisten Möbel zwischen 1795 und 1830 eine rotbraune bis in tiefes Weinrot gehende Deckfarbe. Zu diesen Unterschieden zeitlicher Abfolge kommen noch solche der Landschaft (Spamer weist besonders auf den Gegensatz zwischen Vogtland und der Lausitz hin), so daß sich auch in Sachsen ein lebhaft wechselndes Gesamtbild ergibt, das sich trotzdem beispielsweise von süddeutsch-bayrischer Art klar abhebt.

Namentlich die Oberlausitz kann als eine Möbelmalereilandschaft von ausgeprägter Eigenart (Abb. 29, XIX, XX) gelten. Imposante Stollenschränke tragen einen überquellenden Dekor, der gleichsam gebändigt ist durch die beharrliche Anwendung einiger bleibender Motive, vor allem des geschweiften Schriftschildes als Mittelpunkt und der begleitenden seitlichen Rauten. Großgesehene Einzelblumen, insbesondere Tulpen von „fast exotischer Üppigkeit“, überwuchern die restlichen Flächen. Dazu gesellt sich eine erregende, fast aggressive Farbenfreude, die nicht so sehr aus der Fülle der Farben (Schwarz, Weiß, Rot, Grün, Gelb), als vielmehr aus der vielfältigen Farbabstufung des einzelnen Ornamentes und

37

38

dem breitströmenden, malerischen Pinselzug ersteht. Friedrich Sieber[84] gelang es nachzuweisen, daß diese Möbel im Laufe des 18. Jahrhunderts in den großen Gemeinschafts-Werkstätten der protestantischen Exulanten-Siedlung zu Herrnhut bei Zittau entstanden.

Im Osten ist Schlesien die wichtigste Landschaft für die Möbelmalerei, was angesichts seiner stammesmäßigen und kulturellen Bindungen und seiner bedeutenden Barockkunst nicht verwunderlich ist. Da dort die Rauchstube auf dem Land erst im Lauf des 17. Jahrhunderts zu verschwinden scheint, darf wohl im allgemeinen vor 1700 nicht mit reicher bemalten Bauernmöbeln gerechnet werden. Vielleicht waren dieselben plastisch, ähnlich wie in Franken; jedenfalls vereinigt der mit Abb. 32 abgebildete doppelgeschossige Schrank von 1798, grundsätzlich der fränkischen Art verwandt,

37 Himmelbett mit einer Darstellung der Entlassung Marias in die Ehe von Johann Nepomuk Pichler aus Schliersee (Obb.), 1778
München, Bayerisches Nationalmuseum
Grund blau mit Rot-Weiß-Musterung, Szenenmalerei stark farbig
Vgl. Abb. XXXVIII

38 Schrank aus einer Obstädter Werkstatt (Ldkrs. Ebersberg/Obb.), 1848
Wasserburg (Inn), Heimatmuseum
Grund: grün-gelb-rote Marmorierung, Schnitzerei bunt gefaßt

39 Schrank von Anton Perthaler aus Degerndorf bei Brannenburg (Obb.), 1779
Wasserburg (Inn), Heimatmuseum
Grund braune Fourniermalerei; Felder in Braun, Weiß, Rot, Grün, Schwarz; Türen innen rot mit silberfarbenen Beschläge-Imitationen

plastische Gliederung und Malerei (dunkleres Grün mit Gelb, weißen und wenig roten Tönen). Die Jahreszahl könnte später aufgesetzt sein, da seine Art ganz der Haltung des 17. Jahrhunderts entspricht. Die Schablonierung, die wir für die Entwicklung der Bauernmöbelmalerei als wichtig erkannt haben, hat es auch in Schlesien gegeben. Sie ist allerdings bisher nur in spätgotischen Sakristeischränken festgestellt, während die verbindenden Zwischenglieder des 16. bis 17. Jahrhunderts zu fehlen scheinen. Im Schlesischen Museum für Kunstgewerbe und Altertümer in Breslau befand sich vor dem Krieg ein solches Stück, das in großen, quadratischen, diagonal aufgeteilten Flächen rote und ganz zarte gelbe Töne aufwies, worüber schablonierte Granatblütenmuster rot-, gelb- und schwarzfarbig lagen.

Um 1700 setzt dann mit Sicherheit die Malerei ein. Erich Meyer-Heisig erbrachte die Beweise[43], nämlich ein Himmelbett aus dem Jahre 1700 und einen Kleiderschrank, bezeichnet 1714. In dieser frühen Zeit sind die Farben vielfach dunkel und ruhig, während des 18. Jahrhunderts erblüht dann – wie überall liegt auch hier die höchste Entfaltung im späten 18. und in der Frühzeit des 19. Jahrhunderts – eine hellere, frohere Lebendigkeit, die sich im Laufe der Entwicklung, wie bei der Zierform, vom Zeitstil stärker entfernt und zu einer eigenständigen Volkskunst führt. Die Palette des Schreiners, der wohl meistens auch der Maler ist (er hat Vorlagenblätter benützt, wie solche aus dem Riesengebirge bekannt sind), enthält Rot und Blau aller Schattierungen; daneben gibt es Akkorde von Blaugrün und Hellgrün und Gelb mit Weiß. Abb. XXI (vgl. auch 31) zeigt, wie leuchtend gegensätzlich, noch gesteigert durch eine Art von perspektivischer Diamantierung, die Farbfelder nebeneinander gesetzt sind. Es ist das schlesische Art, die allerdings daneben auch in Böhmen vorkommt. Besonders rassig sind dabei in ihren Maßverhältnissen wie in ihrer Gesamterscheinung die Brotschränke, über die Hanshugo Nehmiz[47] berichtet hat (Abb. 31, 32). Die deutsche Bauernmöbelmalerei endet in Ostpreußen. Während das Bauernland an der Weichsel unter Danziger Einfluß das eingelegte Möbel kannte, huldigte besonders der östliche und nördliche Teil, bis ins Memelland hinein, der Malerei. Sie gibt sich meist recht bäuerlich, der Grund ist in der Regel grün oder blau, vor dem die Blumen leuchtend rot und weiß stehen.[104]

Von hier wenden wir uns wieder nach Westen und überschreiten die Grenze zum Naturholzmöbel. Doch ist auch in diesem weitläufigen Gebiet, wie Albert Schröder[80] übersichtlich dargestellt hat, die Möbelmalerei keineswegs unbekannt. Sie bildet sogleich in Pommern eine bedeutsame Enklave; es ist der Weizacker, jener Landstrich um die Stadt Pyritz, der sich in künstlerischer Hinsicht vom übrigen Pommern deutlich abhebt und über den wir die schöne Monographie von Walter Borchers[3] besitzen, der folgende Wesensbeschreibung entstammt: „Die Eigenart der Weizackerkunst liegt in der Betonung des Farbigen, des Koloristischen, weniger in der Form. Ja, in der Möbelkunst dominiert die Farbfreudigkeit so, daß unbekümmert um Materialgerechtigkeit das dekorative graphische Element die Architektur des Möbels überwuchert, ja einfach unterdrückt, eine Tatsache, die man sehr oft bei ostdeutschen Möbeln beobachten kann." Die Farbigkeit – es handelt sich ausschließlich um Truhen und Geschirrschränke – ist nach Borchers verschiedenartig: blau, rot, gelb; blau, grün, gelb; auch einfache Anstriche, rot, blau, braun treten auf. Das kräftige, dunkle Blau ist dabei die ausschließliche Grundfarbe, von der sich die Tulpen und Rosenblumen leuchtend abheben. Es wurde mit Leim- und Ölfarben gearbeitet, wobei die Muster auf die Grundierung mit Ölfarbe, und zwar mittels Schablone oder auch freihändig aufgetragen wurden.

Farbigkeit an sich gibt es auch sonst noch in Pommern. Neben den bunteren Räumen der Weizacker-Bauern stehen die nur auf Schwarz und Rot gestimmten Stuben der Darßer Seefahrer, die jedoch nur Anstriche kennen. Erst die Jamunder Bauern pflegen wieder richtige Malerei, die allerdings in den Motiven und in ihrer linearen Art die Herkunft aus der Kerbschnitzerei erkennen läßt. Es handelt sich hauptsächlich um die Brautstühle, deren ausladende Rückenlehne ausgesägt und mit Tulpen und Rosen, Fächer- und Wirbelornamenten bemalt ist. Unsere Abb. XXIV gibt einen Eindruck von dieser kraftvollen, tieftonigen Bauernkunst.[106]

Im Westen unserer Möbelgroßlandschaft spielt Farbigkeit im Küstengebiet (Marschland, Halligen) eine wichtige Rolle. Handelt es sich dabei in erster Linie um Fassung und Gesamtraumgestaltung, die von Holland beeinflußt ist, so kommt doch auch das bemalte Möbel vor. Die Herkunft vom Bürgerlichen ist aber nicht zu ver-

40 Schrank mit Darstellung der Jahreszeiten
aus dem ehem. Jodlbauernhof (Hagnberg bei
Schliersee, Obb.), um 1786
Privatbesitz
Grund gelb, Rosenmalerei in Rot und Grün,
Bilder naturalistisch, Schnitzerei vergoldet

41

42

43

41 Schrank aus einer Untermünkheimer Werkstatt (Württembergisch-Franken), um 1800
Privatbesitz
Grund blau, Zeichnung weiß und schwarz

42 Aufsatzschrank, sog. „Dressur“, aus Württembergisch-Franken, 1837
Stuttgart, Württembergisches Landesmuseum
Grund grün, Zeichnung leicht bunt

43 Schrank von Franz Baier aus Steinbach bei Mudau (Odenwald), 1830
Karlsruhe, Badisches Landesmuseum
Grunddunkelzinnoberrot, Feldgrund gelb, Zeichnung braunrot und dunkelgraugrün
Vgl. Abb. L

44 Schrank aus dem Bauland (badisches Frankenland), 1834
Würzburg, Mainfränkisches Museum
Grund dunkelblau, Felder rot mit weißgehöhtem Rot und Grün, Dunkelblau und Weiß

a

b

kennen und eine eigenständige bäuerliche Malerei hat sich nicht entwickelt, wie die Untersuchungen von Ernst Schlee[70, 110] zur Schleswig-Holsteinischen Volkskunst ergeben haben. Wir sagten bereits früher, daß die Grenzen zwischen den Kulturlandschaften breite Zonen sein können. Dies gilt auch für den Süden von Niedersachsen und von Hessen. Im Harzer Land bis Braunschweig gibt es Möbelmalerei, wobei mancherlei Einflüsse zusammenkommen. Der schöne Schrank aus Suderode zum Beispiel, den Abb. XIX zeigt, weist auf Sachsen-Lausitz hin. Hessische Volkskunst ist zum Teil betont farbig. Doch handelt es sich auch hier hauptsächlich um Fassung und Höhung der Schnitzerei wie bei den bekannten Schwälmer Brautstühlen, denen Karl Rumpf[68] eine eigene Untersuchung gewidmet hat. Immerhin kommt auch gemalte Zier, an Möbeln, besonders aber auf Geräten, vor, wie Abb. 68 zeigt, und wie Adolf Spamers und Karl Rumpfs Arbeiten zur Hessischen Volkskunst[85, 102] in reichem Maße dartun. Mit dem Grenzstreifen, der von Thüringen her gegen den Rhein zieht, schließt sich der Ring unserer Betrachtung landschaftlicher Farbigkeit.
Es hat sich dabei aber immerhin gezeigt, wie der Boden, die Menschen und geschichtliche Verhältnisse zusammenwirken, um das Gesamtbild reich und bunt zu machen. Es sei hier noch einmal an die tiefen Zusammenhänge der Existenz von Möbelbemalung

45

c

mit der gesamten Wohnkultur eines Gebietes erinnert, an die Voraussetzungen, die vom bäuerlichen Hausbau her geschaffen sein müssen. Oskar Moser[46], Franz Lipp[40] und Leopold Schmidt[77] haben dies etwa am Beispiel Kärntens bzw. Oberösterreichs oder der Steiermark anschaulich gemacht. Hier zeigt sich, daß das Wohnsystem der Rauchstube, des Wohnraumes mit dem offenen Feuer auf der mächtigen Herd-Ofen-Kombination, dessen Rauch durch die Stube – nicht durch einen Kamin – abzieht, für längere Zeit die Entwicklung der Möbelbemalung zugunsten etwa eines plastischen Möbelschmuckes hinausgezögert hat, teilweise, so in der Steiermark und in Kärnten, bis zu einem Zeitpunkt um das Ende

45 Stollenschrank aus der Gegend von Dresden, 1788
Dresden, Staatl. Museum für Volkskunst
Grund lichtblau; Feldergrund braun lasiert mit Weiß, Zinnoberrot, lichtem Ocker, Moosgrün
a, b, c Schrankfüllungen

des 18. Jahrhunderts, wo die malerische Kraft in gewissem Sinn unvermittelt einsetzt und deshalb nicht mit der prächtigen Blüte der lange gewachsenen Malerei anderer Gebiete zu vergleichen ist. Möbel von einer stillen Grundfarbe mit meist strengerem, konzentriertem Dekor in kraftvoller Farbigkeit sind das Ergebnis. Andererseits findet eine bäuerliche Möbelkultur, wie sie Oberösterreich, namentlich im Zentralgebiet, hervorgebracht hat und wie sie wohl nirgendwo sonst wieder erreicht wurde, ihre Erklärung nur aus den sozialen und den kulturgeschichtlichen Gegebenheiten dieses reichen Landes, das in seinen zahlreichen Klöstern und Stiften Kulturzentren von bedeutendstem Ausmaß besitzt. Solcher Anspruch, solche Steigerung des Wohnens, die über die auch sonst hin und wieder gefertigten Möbelgarnituren (Bett, Schrank, Truhe, Kommode o. ä.) zur einheitlichen Ausstattung ganzer Räume gelangt, aber auch das einzelne Möbel in einem sonst kaum gekannten Ausmaß mit Dekor bedeckt, setzt eine adäquate Wohnstatt und ein entsprechendes Lebensgefühl der Bevölkerung voraus. Denn bäuerliches Selbstbewußtsein und ländliches Repräsentationsbedürfnis sind als Triebkräfte bei der Entwicklung der Möbelmalerei zu ihrer Hochblüte nicht zu unterschätzen. Dann aber kann von einem Land wie Oberösterreich auch eine Ausstrahlungskraft ausgehen, die so stark ist, daß sie die Möbelgestaltung auch im östlichen Nachbarlande, in Niederösterreich, weithin formt. Bei aller landschaftlich bedingten Vielfalt der Möbelmalerei gehen jedoch geheime Bindungen durch ihren gesamten Existenzbereich. Es ist dies einmal die große Vorliebe für Rot und Blau, Farben, die in vielfach abgestuften Tönungen weithin das tragende Gerüst bilden, oder doch wenigstens fast immer bedeutsam mitschwingen[72]. Es ist das an sich keine neue Feststellung, sondern nur eine Bestätigung der alten Redensart: „Blau und rot ist Bauernmod." Wir können hier nicht nach den Gründen für diese Erscheinung suchen. Sie liegen wohl ebenso im Technischen (die Malarten und Farbstoffe müßten untersucht werden) wie im Sinnbildlichen. Eine zweite verbindende Tatsache ist in der Art zu sehen, wie die Farben nebeneinander gesetzt werden. Es geschieht das mit einer scheinbaren Unbekümmertheit, die das unmittelbar Gegensätzliche nicht scheut, ja sogar sucht, wofür unser schlesischer Schrank (Abb. XXI) ein besonders eindrucksvolles Beispiel abgibt. Es entsteht so, wenigstens innerhalb der eigenständigen Bauernmöbel, eine kräftige, oft leuchtende Buntheit; aber all diese hell und dunkel nebeneinanderstehenden Flächen, Tupfen und Striche sind doch durch ein Gesetz zur Einheit zusammengebunden. Dabei ist auch das Verhältnis von Grund und Füllung und die ganze Gliederung und Art der Zier von Bedeutung. Wir müssen deshalb auch diesen Dingen eine kurze Betrachtung widmen.

46 Truhe der Pennsylvanien-Deutschen (USA), um 1800

47 Seitenwand einer Bettstatt aus dem östlichen Oberbayern
Frühes 19. Jahrhundert
Erding (Obb.), Heimatmuseum
Blau und Rot

48 Schrank aus der Ostschweiz, frühes 19. Jahrhundert
Bulle (Kanton Freiburg), Museum
Viel Grün mit Rot und Schwarz
a Malereien auf Türinnenseite (oben: Pharisäer und Zöllner im Tempel, unten: Kartenspieler), Rahmen blau, Szenen naturalistisch

Der Hauptträger der Möbelmalerei ist der Schrank, der seit dem 17. Jahrhundert – die Dichte seines Vorkommens ist zeitlich und landschaftlich sehr unterschiedlich – in das Bauernhaus eintritt. Seine Form ist dazu sehr günstig: große Flächen, die durch Unterteilung wieder begrenzt sind. Die Feldergliederung nämlich, die vom Architekturschrank ausgeht (dessen Gestaltungselemente etwa bei Abb. 27, 32 noch deutlich sprechen) wird auch im Malerzeitalter vielfach beibehalten. Es sind das vier Füllungen beim Zweitürenschrank und zwei beim Eintürschrank, wozu schmale Neben-

49 Türfüllung von einem Schrank aus dem Isarwinkel (Obb.), 1845
Darstellung des Winters
Bad Tölz, Heimatmuseum
Naturalistisch

47

48

a

49

50 Aufsatz-(Speise-)schrank
aus der Gegend von Dresden,
frühes 19. Jahrhundert
Dresden, Staatl. Museum
für Volkskunst
Grund rotbraun; Felder und
Giebel gelb, zinnoberrot, weiß,
Blumen (Abb. 50a) in Weiß,
Gelb, Lichtblau, Zinnoberrot
Moosgrün

a Schrankfüllung

51 Geschirrschrank aus der Lausitz,
1805
Dresden, Staatl. Museum
für Volkskunst
Grund dunkelblau,
Zeichnung stark farbig

50

51

und Zwischenfelder treten können. Zeit, Landschaft und die Grade der Annäherung an die Stadtkunst sorgen auch hier für Bereicherung und Wechsel. Zeitlich frühe oder auch altartige Möbel, wie die Sakristeischränke von Klingenberg oder Wimpfen (Abb. 3, 4) oder der Bhalter von Wunsiedel (Abb. I), stehen noch vor dem genannten Schema. Zeichnung oder Farbe weht bei ihnen mit starkem Einheitsdrang über die Fläche hin. Ähnliche Erscheinungen treten gegen Schluß der Entwicklung wieder auf. Zunächst aber kommt der Schulzwang der Renaissance über das deutsche Bauernmöbel und teilt es streng in Felder (Abb. 10, 15). Die Gegenwirkung läßt

Chathrina

53

54

52 Hl. Katharina, Ausschnitt aus Abb. VIII
Schrank aus dem Raume Gunskirchen (Oberösterreich), 1793
Privatbesitz

53 Darstellung von Hochzeitsmahl und -tanz auf dem Fußbrett eines Himmelbettes vom »Meister der Jahreszeitenkästen« aus Lambach (Oberösterreich), 1781
Wien, Österreichisches Museum für Volkskunde
Blau, Braun, Rot

54 Schrank von Johann Michael Rössler aus Untermünkheim am Kocher (Württembergisch-Franken), 1833
Privatbesitz
Stark blauer Grund mit Rot, Grün und Weißtönen
Vgl. Abb. XXXVII und XXXVIII

55 Deckel eines Wismut-Kästchens, 1585
Stuttgart, Württembergisches Landesmuseum
Starke Farbigkeit auf metallisch schimmerndem Grund

56 Schranktüre von Johann Michael Rössler aus Untermünkheim am Kocher (Württembergisch-Franken), frühes 19. Jahrhundert
Feuchtwangen (Mfr.) Heimatmuseum
Grund blau; Figur im wesentlichen in Rot und Weiß

55

56

57

jedoch nicht lange auf sich warten. Bei dem prachtvollen Bett von 1655 im Bayerischen Nationalmuseum (Abb. II) überfluten bereits Farbe und Zier den Rahmen. Ähnlich verhält es sich mit dem Appenzeller Schrank von 1745, der an sich noch eine kräftige plastische Gliederung aufweist (Abb. 18). Unter dem Einfluß des Rokoko geraten dann die Schranken selbst in Bewegung: Die Konturen lösen sich in lockerem Spiel, die Felder schweifen sich und neigen sich mit optischer Verknüpfung einander zu (Abb. 40). Der starke Einheitsdrang in der Kunst des 18. Jahrhunderts setzt sich auch beim Bauernschrank durch und faßt die Schauseite in inniger Verflechtung zusammen. Der schöne Tiroler Schrank (Abb. XVIII) führt die volle Beherrschung der Zeitmittel vor, aus der jede der beiden Türen im illusionistischen Spiel eines einzigen königlichen Ornamentes sich sammelt. Eine vergleichbare Idee finden wir etwa bei einem Schrank aus der Salzachgegend (Abb. 33), der nun beide Türen sinngemäß zur Einheit werden läßt; doch spüren wir hier

57 Fußbrett eines Himmelbettes aus Tölz (Obb.), um 1820
Bad Tölz, Heimatmuseum
Im wesentlichen Blau und Rot
Vgl. Abb. XLVIII

58 Oberteil eines Aufsatzschrankes aus der Gegend von Dresden
18. Jahrhundert
Dresden, Staatl. Museum für Volkskunst
Grund zart moosgrün mit gebrochenem Schwarz, Gelb, Altrosa, lichtem Ocker

schon eine gewisse ländliche Trockenheit des Ausdrucks. Anders der eigentlich volkstümliche Umgang mit den Dekorelementen, die das Rokoko anzubieten hat: während ungebundenste Phantasie wie in rauschhaftem Überschwang gewisse Möbel Mittel- und Ostdeutschlands vom Schmuck geradezu überwuchern (Abb. XIX) oder ihre Malerei zu einem in sich geschlossenen Teppich von Formen und Farben über dem Grund zusammenwachsen läßt (Abb. XX, 29), schmilzt etwa in Oberösterreich eine elementare Kraft das Stilkunst-System selbst zu neuer Ausdrucksgestalt um. Einzigartig verkörpern dies die Möbel des Traunviertels (Abb. 1, IL, 36); ihre flackernden Rocaillen und die „flammenden Tulpen", in Rot-Gelb auf starkem Blau, strahlen, den Bildraum des Möbels oft bis zum Bersten füllend, eine überwältigende, geradezu aggressive Prächtigkeit aus. Gerade Oberösterreich zeigt auf relativ engem Raum die Variationsbreite dieser Epoche. Greifen wir als Beispiel nur das eine Thema heraus: volkstümliche Umsetzung des ober-

59 Tragekästen für Handwerkszeug aus der Gegend von Wasserburg (Obb.)
Frühes 19. Jahrhundert
Wasserburg (Inn), Heimatmuseum
Blau, Braun, Weiß und Rot

60 Brautschaffe aus Tirol
Innsbruck, Tiroler Volkskunstmuseum
Links: aus dem Unterinntal, 1864
Blauer Grund mit bunten Blumen
Rechts: aus dem Alpbachtal,
wohl noch 18. Jahrhundert
In Braunrot und Schwarzweiß

61 Bruderschaftstruhe aus Wasserburg (Obb.), 1772
Wasserburg (Inn), Heimatmuseum
Grund blau, dazu Rot, Weiß, Gelb

62 Tierfries
Ausschnitt aus einem Schrank des Alpbachtales (Tirol), 1765
Innsbruck, Tiroler Volkskunstmuseum
2. Stilstufe: Schwarz, Weiß, Rot, Grün auf bräunlich gefirnißtem Blankholz

63 Ausschnitte von einem Brautschaff aus dem Alpbachtal (Tirol)
Mitte 18. Jahrhundert
Innsbruck, Tiroler Volkskunstmuseum
Rot, Weiß, Grün, Schwarz und Hellbraun auf Blankholz

64 Hahnreiter, Seitenwand einer kleinen Truhe aus dem Egerland
Frühes 19. Jahrhundert
Nürnberg, Germanisches Nationalmuseum
Grund blau, Zeichnung vorwiegend in Blau und Rot

schichtlich-kunstgewerblichen Intarsienmöbels: in einem bezeichnenden Kontrast stehen sich hier die vornehm-verhaltene, den bürgerlichen Vorbildern ganz unmittelbar verpflichtete Furniermalerei der Linzer und Florianer Reitermöbel (Abb. IX, 70) und die starkfarbige, in den letzten, wesenlos gewordenen Resten des klassischen Rahmensystems der Marketterie nur mühsam gebändigte vegetabile und figürliche Üppigkeit des Gunskirchener Raumes (Abb. VIII) gegenüber.
Geschah hier eine Umorientierung des Rokoko-Dekorationsangebotes in strotzender Kraft, so vollzieht sich andernorts – in Oberbayern beispielsweise – ein Begreifen des Rokoko in der Auflockerung, im Leicht- und Spielerischwerden der gesamten Bildgestalt. Auf eine sehr anspruchsvolle Weise verleiht etwa Anton Perthaler dem Schrank, den er 1788 für sein eigenes Wohnhaus in Degerndorf malte (Abb. XI), den Ausdruck liebenswürdiger und zugleich kostbarer Eleganz; das sanfte, weißliche Blau, der Goldton der zart sich spinnenden Rocaillen, die feinen Rosenranken sind daran gleicherweise beteiligt. Das nämliche Grundprinzip einer Lockerung des vierteiligen Dekorgefüges zu einem reichen Gesamtmuster, das sich an vier Punkten lediglich farbig und szenisch verdichtet, ist an dem Schrank des Leitzachtaler Fresko- und Möbelmalers Johann Böheim von 1778 (Abb. XII) üppiger und rustikaler gegeben. Ein anderer Inntaler Maler löst in dem zeitlich frühesten der drei Beispiele (Abb. X) dieses Anliegen auf die kühnste Weise: das Gegeneinander der zartfarbigen, aber sehr kompakten, übrigens der Malerei des Zillertales nächst verwandten Felderfüllungen und der prägnant und zeichenhaft hingeschriebenen kühlen Ornamentik auf dem tiefblauen Grund ist von einzigartigem Reiz.
Anders wiederum ist der Weg, den die Möbelmaler des fränkisch-württembergischen Raumes bei der volkstümlichen Verarbeitung des Rokokosystems gehen: eigenartig in seiner strengen Konzentration auf das von Rocaillen durchblühte Mittelfeld, das ohne Be-

63

64

63

65

66

ginn und Ende den Schrank durchzieht, bleibt der Bauländer Kasten (Abb. 44). Im Gesamtaufbau ähnlich, im Wesen jedoch anders, von zarter Unwirklichkeit, ist die Formung der Schrankwand in der Malerei Württembergisch-Frankens, die sich in der ersten Hälfte des 19. Jahrhunderts in dem Ort Untermünkheim am Kocher und um die Person des Johann Michael Rössler sammelt[25]: liebenswürdig steigt über die Fläche das verspielte Gerüst der Blumenstäbe auf, in dem Mensch und Tier, Früchte und Blumen ihren Platz finden (Abb. 54, XXXVII, XXXVIII). Wie so oft in der Volkskunst werden auch hier die Elemente der Stilkunst dankbar empfangen und, nach Menschenaltern noch, unbedenklich angewandt, umgesetzt und verwandelt. Solche Art der Verwandlung vollzieht sich aber auch etwa in dem Gestaltwechsel des Kartuschenfeldes am Lausitzer Schrank von 1779 (Abb. XX); seine Auflösung und Neuformung zu blütenähnlichem Gebilde schafft eine Atmosphäre von vegetativ-ausladender Prächtigkeit.

Sinngemäßer, oft auch zeitlicher Endpunkt dieser ganzen vielfältigen Entwicklung der Schrankwand sind dann Erscheinungen wie jene bereits erwähnten Tölzer Möbel des 19. Jahrhunderts (Abb. XIV, XV), die ihre Flächen einheitlich mit den roten, weiß gehöhten Farbflecken bedecken, wovon die dünn und kraftlos gewordenen Rahmenlinien völlig übertönt werden. Grund und Zier treten gleichsam als zwei verschiedene Flächen auseinander und bei stärkster bäuerlicher Haltung ist eine geradezu rokokohafte Entstofflichung der Grundmaterie erreicht. Es ist ein Zustand der Irrealität, den dann, aus anderen Wurzeln, aus einer Auflösung und Neuordnung nach den Gesetzen abstrakter Ornamentik, auch die schlesischen Schränke (Abb. XXI, 31) mit ihrer mosaikartigen Fügung von gegensätzlichen Farbpartien gewinnen.

Und doch sind keineswegs Überschwang und Auflösung die eigenen und einzigen Gesetze der Volkskunst. Es gibt Stücke von wahrhaft bäuerlicher Art (z. B. in Franken, Abb. XVI), bei denen der Eindruck klarster Gliederung bestimmend ist. Und geradezu feierlich streng wirkt der Odenwälder Schrank von 1830 in Karlsruhe mit seinen vielen aufgereihten Rahmenfeldern, denen die unbewegliche Ruhe ihrer Figuren entspricht. Das Bäuerliche hat hier völlig zu sich selbst heimgefunden (Abb. 43, L).

Wir haben das nach Zeit und Landschaft unterschiedliche Verhalten

gegenüberliegende Seite
65 Schüsselrahmen aus Tölz (Obb.), 1838
Bad Tölz, Heimatmuseum
Bunt

67 Uhren aus dem Schwarzwald, erste Hälfte des 19. Jahrhunderts
Freiburg (Br.), Augustinermuseum
Bunter Dekor auf weißem Grund

68 Holzgefäße aus der Schwalm (Hessen)
Nürnberg, Germanisches Nationalmuseum
„Gilp", 1901
Schwärzliche Streifen, dunkelgrünrote Ranken
Löffelkörbchen, 1907
Grund weiß, Zeichnung grün-gelb-rot mit etwas Blau

gegenüberliegende Seite
66 Oberteil eines Kinderschlittens aus dem Breisgau (Baden)
Frühes 19. Jahrhundert
Karlsruhe, Badisches Landesmuseum
Grund blaugrün, dazu Braunrot mit Weiß, Ziegelrot und Olivgrün

der Flächengliederung und -schmückung am Beispiel des Schrankes betrachtet, der hiezu die besten Voraussetzungen bietet. Bei der Truhe, den Aufbewahrungsmöbeln für Geschirr (Abb. 42, 50, 51, 66) und der seltener bemalten Kommode würden wir die grundsätzlich gleichen Beobachtungen machen, und dasselbe gilt schließlich, nur in körperbedingter Abwandlung, von der Zimmervertäfelung (Abb. 72, 73, XXXIII, XXXIV), von Bett (Abb. 26, 37, 53, 57, II, XV), Wiege (Abb. XXVI), Stuhl und Schlitten (Abb. XXIV, XXV, 66) und den anderen Gegenständen, die sich der Malerei hingeben, wie etwa die Brautschaffe (Abb. 60), die ebenso wie der schöne Wasserbehälter des Münchener Nationalmuseums (Abb. XXXVI) aus Tirol stammen, die beiden Werkzeugkästen (Abb. 59) oder die Bruderschaftslade aus Wasserburg (Abb. 61), oder Holzkanne und Löffelkörbchen aus der Schwalm (Abb. 68). Hier sind auch zu nennen die bemalten Schachteln verschiedener Herkunft. Das Stück im Vordergrund von Abb. XXVIII ist Berchtesgadener Erzeugnis, die runde Brautschachtel gehört zu einer großen Gruppe, deren Abstammung noch nicht einwandfrei feststeht, und das Trühlein, ebenfalls ein Brautgeschenk, ist, wie Abb. XXVII u. 55, ein Denkmal der bürgerlichen Wismutmalerei, die seit dem Ausgang des Mittelalters vielfach, zum Beispiel in den Städten Ulm und Nürnberg, fleißig geübt wurde. Sie ging auch in den Volkskunstbereich über, wofür Berchtesgaden in seiner frühen Stufe einen Beleg bietet. Es wäre noch zu untersuchen, ob diese Wismutmalerei nicht ebenfalls auf die Anfänge der farbigen Bauernmöbel einen förderlichen Einfluß gehabt hat.

Die Malerei strahlt übrigens noch über die häusliche Zone des Möbels und verwandter Gegenstände hinaus. Man denke beispielsweise nur an die kraftvoll mit leuchtenden Farben geschmückten Schellenbögen des Fränkischen Jura, wie sie das Hersbrucker Museum zu Hunderten bewahrt[26]. Ein weiteres Beispiel bilden Fahrzeuge; so besitzt das Feuchtwanger Museum eine Feuerspritze von 1781, die aus dem Ansbachischen Schloß Triesdorf und somit aus Hofbesitz stammt, die aber ganz volkstümlich bemalt ist. Besonders sind in diesem Zusammenhang die festlichen Truhenwägen zu nennen, die bei der Tölzer Leonhardifahrt noch in Gebrauch sind. Ihre Bemalung geht in älterer Zeit durchaus mit den Möbeln zusammen (Abb. XXXII).

Wir konnten erkennen, daß das alte Bauernmöbel in der farbigen Flächenschmückung bestimmten Gesetzen folgt, die übrigens verschieden streng gehandhabt werden, wie wir bereits feststellten und späterhin nochmals sehen werden. In diesem Zusammenhang sind nun auch Art und Form der Schmuckmotive wichtig. Zum grundlegenden Bestand der Möbelmalerei, wie des volkstümlichen Schmückens überhaupt, gehört das Ornament, schon weil für die Volkskunst als formschöpferische Kraft die Stilisierung ins Ornamentale innerstes Wesen bedeutet. Wir unterscheiden elementare, oft höchst altartige Zeichen, wie den Sechsstern aus dem Zirkelschlag (Abb. 5, 16) oder die Wirbelrosette (Abb. 7), Kreis- und Kreuzformen (Abb. 6, 8), die bereits vielerlei weltanschaulichen Deutungsversuchen ausgesetzt waren, von den Formen, die aus der Stilkunst der verschiedenen Epochen übernommen wurden. Nennen wir hier für das 17. Jahrhundert etwa die Arabeske, jenes zartlinige Geflecht, dem unvermittelt einzelne, stilisierte Blätter entwachsen, das wir beispielsweise auf ostbayerischem Boden vorfinden. In zunehmend volkhafter Verformung zeigen es die Abb. 11, 12, 13, 14, 16. Für das 18. Jahrhundert hat als ursprünglich oberschichtliches Ornament die Rocaille, die phantastisch reduzierte und stilisierte Muschel, die größte Bedeutung erlangt. Die volkstümliche Möbelmalerei greift sie begierig auf und unterzieht sie mannigfachen Wandlungen: vom kraftvollen, plastisch wirkenden, flächengliedernden Element (Abb. 34) zum zarten, die Fläche überziehenden Gespinst (Abb. 19), vom kostbaren, goldenen Spitzengebilde, das Rosen durchsprießen (Abb. XI, XII), zum üppigen, nach Struktur und Farbigkeit prall und expressiv gewordenen Gefüge (Abb. 1, 36, IL).

Im vegetabilen Zierbestand der Möbelmalerei steht dann die Blume obenan und soweit diese naturalistisch bestimmbar ist, genießt die Rose die größte Beliebtheit. Von den öfter bereits genannten Tölzer Möbeln (Abb. XIV, XV, XLVIII, 57), wo sie in echt bauernmäßiger Saftigkeit blüht, über die Uhrenschildermalerei des Schwarzwaldes (Abb. XXIX, XXX, 67) bis zum Weizacker (Abb. XXIV) und nach Ostpreußen hin, wo sie das fast ausschließliche Motiv bildet, ist sie zu finden. Den zweiten Rang mag die Tulpe einnehmen, jene dem Orient entstammende Blume, die in der zweiten Hälfte des 16. Jahrhunderts in Augsburg zum erstenmal

69 Landschaft, Türfüllung aus Abb. 19
Schrank aus Bachheim (Hochschwarzwald)
Spätes 18. Jahrhundert
Karlsruhe, Badisches Landesmuseum
Grund bräunlich-blau marmoriert, dazu wesentlich Ziegelrot und Weiß

blühte und die daraufhin einen großen Siegeszug antrat, auf welchem sie schließlich auch in die Bauerngärten kam. Wohl schon zuvor wurde sie eine Lieblingsblume der Volkskunst, zumal sie sehr alte Sinnbildformen in sich aufnehmen konnte und sich geschlossen wie geöffnet für flächenhaft ornamentale Darstellung gut eignete (etwa Abb. 1, 16, 18, 25, 58, III, VI, XIX, XLI, IL). Noch mehr ist letzteres bei sternförmigen Blüten der Fall (wie z. B. Abb. 17, 30, 58, XX, XXIII, XLI, XLII), die denn auch auftreten, wenn auch nicht so häufig wie Rose und Tulpe. Wichtiger als die Einzelblume – es wären von solchen beispielsweise noch Nelke (vgl. Abb. 28, XXXIX, XLIII) oder Glockenblume (etwa Abb. 45 c, 50a, XXI) zu nennen – ist der Strauß im Gefäß, die Blumenvase. In der altbayerischen Möbelmalerei beispielsweise taucht sie, vom Bürgermöbel der Renaissance herkommend, im frühen 17. Jahrhundert auf (Abb. 27)[12]. Sie wird bis zum Ende beibehalten. Und zwar ist das nicht nur im bayerischen Raum, sondern im ganzen Gebiet der deutschen Möbelmalerei der Fall. Der Wille der Volkskunst zur Beharrung zeigt sich darin aufs deutlichste. Die außerordentliche Verbreitung und Beliebtheit dieses Motivs legt aber die Frage nahe, ob nicht eine starke Sinnbildkraft dahinter steht, und so hat man denn auch die Blumenvase als Lebensbaum angesprochen. Im allgemeinen werden aber durch die Malerei in geringerem Maße als durch die Schnitzerei oder nur in verdeckter Form alte Volkssinnbilder überliefert, und die große Beliebtheit der Blumenvase kann wenigstens zum Teil schon aus ihren günstigen ornamentalen Voraussetzungen erklärt werden. Sie läßt sich nämlich gleichgewichtig aufbauen und enthält zugleich ein hohes Maß von Wandelbarkeit und Fügsamkeit. Man kann sie ebenso leicht in quadratische, breitgelagerte, wie in schmal-hohe Felder hineinpassen. Und so sehen wir sie denn in allen Formen und Stufen (besonders prägnante Beispiele: Abb. 1, 25, 28, 45 a–c, 69, VI, X, XIII bis XVII, XXIII, XXVI, XXXIX–XLIV) von einer fast nüchternen, starren oder stilisierten Art bis zu einem für die Volkskunst weitgehenden Naturalismus, der freilich bei näherem Zusehen noch lange keiner ist. Namentlich im Alpengebiet macht sich bei der Tiefe und Fülle barocken Einflusses naturnähere Art geltend; so wird bei der Schranktürfüllung aus Tirol (Abb. 35) die Vase zu einem Stilleben, zu einer Schale mit Früchten, auf der ein Stieglitz sitzt.

70 Ausschnitt aus einem „Reiterkasten“ aus St. Florian (Oberösterreich), um 1785
Linz (Donau), Oberösterreichisches Landesmuseum
Grund braune Fourniermalerei, dazu rotblaue Marmorierung, Rot, Blau;
Stiche goldbraun koloriert

71

71 Vertäfelung aus einer Kulmbacher Herberge (Oberfranken), um 1700
Kulmbach, Heimatmuseum
Dunkeltonig. Hauptfarben: Grün und Rotgelb
Apostelfiguren auf weißlichem Grund

72 Wandvertäfelung und Möbel aus dem Ostallgäu
Kaufbeuren, Heimatmuseum
Vertäfelung und Türe aus Honsolgen, 1771
Grund grauweiß; Einfassung dunkelbraungelb, dazu Rot, Gelb und Grün
Schrank, 1800
Grund blaugrau bzw. gelbweiß, dazu Rot, Grün und Blau
Truhe, 1826
Grund hellgrün, Zeichnung rot auf weißem Feld

72

Das Tier gehört ja ebenfalls zu jenem Kreis von Darstellungen, der neben seinem Schmuckcharakter auch symbolhafte Bedeutungsinhalte besitzen kann, wie zum Beispiel die paarigen Vögel auf einem Obermünkheimer Schrank mit bäuerlichem Liebespaar (Abb. 54, XXXVIII) zeigen. Die ganze Spannweite der Darstellungswelt des Volksmenschen, die ganze Intensität volkskünstlerischen Ausdrucksvermögens lassen sich ermessen, wenn man etwa die glänzend beobachteten, doch schwungvoll gesteigerten Steinböcke und Vögel aus dem Alpbachtal (Abb. 62, 63), die naiv-liebevoll gezeichneten Hunde des I. M. Rössler (Abb. 54, XXXVII) oder die Märchenvögel des Tölzer Bettes (Abb. 57) nebeneinander betrachtet.

Weitere wichtige Motive der Möbelmalerei gehen nun stärker ins Bildmäßige: wir nennen zunächst das Architekturstück im Sinne des Einzelbauwerkes (Torturm: Abb. 13), oder der vieltürmigen, perspektivischen Stadtsilhouette (Abb. II). In der bayerisch-tirolischen Alpenlandschaft wird es im 17. und 18. Jahrhundert besonders bedeutsam. Es entspringt hier der bürgerlichen, aus Italien stammenden Intarsiaübung und wird durch Holzschnitte verbreitet; die Volkskunst verarbeitet es aber rasch in ihrem Sinne (Abb. 27, III, IV) und bringt mitunter sogar moscheeartige Stilisierungen hervor, die den Trägern solchen Bildwerks den Beinamen „Türkenmöbel" eingebracht haben. In Wirklichkeit ist hier die Typen und Sinnbilder prägende, umschaffende und bewahrende Kraft des Volkes am Werke[12]. Aber auch in anderen Gegenden und in anderen Formen lebt das Baubild, manchmal zur Landschaft erweitert, so in einer ostbayerischen Gruppe, die zuweilen ganz bestimmte Örtlichkeiten darstellt und die sich in das ja einst bayerische Innviertel fortsetzt.

Auch hier wieder sind die vielfältigen Möglichkeiten in der volkhaften Ausdrucksweise zu beobachten, die von einer recht naturalistischen Haltung (Abb. 34) bis zur fast ornamentalen Abstraktion (Abb. XXI) reicht. Steht das Straßenbildchen im Sockel des Schwarzwaldschrankes (Abb. XVII) mit der naiven Unmittelbarkeit eines Spielzeugdorfes da, so eignet den Rokoko-Veduten des badischen Schrankes (Abb. 19, 69) – zumal in ihrem schimmernden Blauton – etwas unwirklich-märchenhaftes. Eine Truhengruppe, die sich in Nordfranken, Thüringen und dem Rheinland findet (Abb. 23) und die vielleicht in Thüringen beheimatet ist, weist wiederum Architekturgruppierungen von stark stilisierendem, sinnbildhaftem Charakter auf. Nehmen wir noch schlesische Beispiele hinzu (Abb. 30, 31, XXI), so kann man feststellen, daß Art und wohl auch Herkunft des Baubildes verschiedenartig sind, daß aber sehr allgemein der Drang nach naturferner, zeichenhafter Gestaltung existiert. Jedenfalls steht auch hier ein alter Sinn und eine alte Übung im Hintergrund, worauf Konrad Hahm[21] hingewiesen hat. Vom Architekturstück ist nur noch ein Schritt zur figürlich-szenischen Darstellung, die zu Ende des 18. und im frühen 19. Jahrhundert im Zusammenhang mit dem Zeitstil vor allem im Alpen- und Voralpenland ihre schönste Blüte erlebt. Religiöse Themen, in der Konzentration auf die einzelne Heiligengestalt (Abb. 10, 38, 52, VII, VIII, XXII), aber auch in der Erzählung einer Szene (Abb. 33, 37, 73, XI), wie sie dem gläubigen Volkskünstler aus dem Schatz seiner traditionsbestimmten religiösen Bildvorstellungen vertraut sind, oder wie sie ihm als Anregung aus seiner Umwelt, aus den Gemälden in den Kirchen ebenso wie aus der graphischen Vorlagenproduktion seiner Zeit zugewachsen sind, stehen neben weltlichen Themen verschiedenster Art. Immer finden wir hier den Menschen im Mittelpunkt, wiedergegeben beispielsweise in Art des bürgerlichen Porträts (Abb. 41, 51). Beliebter aber sind Standesdarstellungen, Bauern (Abb. 40, 56, XIII, XXXVI, XXXVII, XXXVIII, XLVI) oder Gärtner (Abb. 40, XLV). Aber auch das Soldatenmotiv fehlt in der Möbelmalerei nicht (Abb. 47); namentlich in Oberösterreich ist es sehr häufig anzutreffen, wo es dann in der Gestalt des Reiters (es handelt sich dabei um aufgeklebte, kolorierte Stiche u. U. fürstlicher Personen) einen bestimmten örtlichen Möbeltypus geradezu prägt (Abb. 36, 70, IX). Selbst die Truhe aus dem deutschen Siedlergebiet in Pennsylvania USA, die Heimisches in der Fremde zugleich bewahrt und umbildet, zeigt noch diesen Bildtypus (Abb. 46).

Eine ganz besondere Aussagekraft eignet jedoch den Genreszenen aus dem Volksleben, wie der großen Winterlandschaft oder der Ernterast von einem Jahreszeitenschrank aus Lenggries (Abb. 49, XLVI), oder den köstlichen Bildern vom Bett des Johann Nepomuk Pichler, die Hochzeitsmahl und Hochzeitstanz wiedergeben (Abb. XXXV). Ein schönes Gegenstück hiezu bilden die Darstellungen des Schrankes aus dem Museum Bulle (Kanton Freiburg), der ostschweizerischer Herkunft ist und eine Schreinerwerkstatt (Anfertigen und Bemalen eines Schrankes) sowie eine Gesellschaft beim Kartenspiel vorführt (Abb. 48a+b). Sinnbildlichkeit und Typik kommen mit dem Augenblick wieder stärker hervor, wo der Zeiteinfluß, der die Genreszene begünstigt hatte, zurücktritt. Dies ist bereits wahrzunehmen bei der prachtvollen Bäuerin des Feuchtwanger Museums (Abb. 56), die von Blumen begleitet ist, ein Motiv, das in der Volkskunst auch sonst bei Einzelfiguren vorkommt und bemerkenswerterweise bereits im Mittelalter begegnet (Abb. 2); aus der unverbindlichen Lieblichkeit der gotischen Gestalt aber ist hier Monumentalität geworden. Der Schimmelreiter auf dem niederbayerischen Balkenkopf (Abb. XXXI), dem eine Riesenblume gleichsam aus dem Munde wächst, oder der Hahnreiter (Abb. 64), sind nun schon in den Bereich des Brauchhaft-Volksmäßigen eingetreten, und der bereits erwähnte Odenwälder Schrank von 1830 im Badischen Landesmuseum zu Karlsruhe (Abb. 43) führt diese Linie zu Ende. Er hat, wie auch sonst in Franken

73 Wandvertäfelung einer Stube aus dem Tannheimer Tal (Tirol)
Zweite Hälfte des 18. Jahrhunderts
München, Bayerisches Nationalmuseum
Vgl. Abb. XXXIII

durchweg üblich (vgl. Abb. 20), das Genremäßige völlig abgestreift; die Figuren, darunter Vögel mit Menschenköpfen, einzeln, gerahmt, sind wie aus der mythischen Welt emporgestiegen und ruhen streng in sich (Abb. L). Im Werk einer ganzen Familie von bäuerlichen Schreiner-Malern erreicht hier Bauernkunst einen Höhepunkt. Seit der Mitte des 18. Jahrhunderts ist, wie die Untersuchungen von Max Walter[91] ergaben, die Möbelmalerei im hinteren Odenwald getragen ausschließlich von den zahlreichen Mitgliedern der Familie Baier in Limbach und Mudau, deren begabtestes und eigenwilligstes Franz Bair (1795–1861), der Künstler des Karlsruher Schrankes von 1830 war. Zwischen 1830 und 1845 hat dieser merkwürdige Mann seine eigene Handschrift gefunden: auf rotbraunem Grund zahlreiche Felder, die das Möbel in seinem Bestand völlig zerlegen und diese dann gefüllt mit einem festen Repertoire von Motiven: Mann und Frau, einzeln und im Tanz, die Krone und eben jener Vogel mit dem Menschenkopf. Unbekümmert um künstlerische Wirkung fügt er die Dinge aus einer inneren Gesetzlichkeit mit der naiven Lust des Kindes an Farbe und Gestalt. Daß er diese Lust aber in symbolhafter Kürze zu fassen vermag, zeigt sein Wesen, ruhend in der Gebundenheit der jahrhundertealten, gelebten Überlieferung. An seiner Existenz aber wird deutlich, wie sehr doch die Volkskunst, selbst in ihren innersten Bereichen nicht Kunst einer anonymen Gruppe oder gar der Masse, sondern Werk einer individuellen Persönlichkeit ist.

Bleibt also die Einzelfigur mehr fränkische Eigenart, so erreicht das Genremäßig-Szenische seinen Höhepunkt im Alpenraum. Wir möchten das an dem Beispiel des schon erwähnten Schlierseer Bettes von 1778 im Bayerischen Nationalmuseum (Abb. 37, XXXV) zu zeigen versuchen. Es ist das Werk des Johann Nepomuk Pichler, der einen besonderen Typus des Volkskünstlers jener Zeit und Landschaft darstellt. T. Gebhard hat sich eingehend mit ihm befaßt[12]. Während sonst die Schreiner meist selbst die farbige Gestaltung ihrer Möbel besorgten, ist er Malerspezialist, der auch Votivbilder (wir kennen ein signiertes von ihm in Fischhausen am Schliersee) und ähnliches ausführt. Er findet nun den feinsten Ausgleich zwischen den Mitteln des Rokokostils, aus denen er Nutzen zieht, und zwischen der stärkeren Gebundenheit der übrigen Volkskunst. Er handelt mehr mit dem Pinsel und denkt mehr aus der Farbe heraus, als es in der konturliebenden Volksmalerei sonst der Fall zu sein pflegt. So entstehen in Frische und Sicherheit knappe, raumklare Szenerien, in denen die preziösen Figürchen agieren. Diese Wesenhaftigkeit erinnert an das Volkslied oder an bestes Volkstheater, von welch letzterem manche Anregung gewonnen zu sein scheint. Schlägt hier das Pendel weit nach der Seite der bürgerlichen Kunst aus, so findet sich anderweitig und vor allem mit dem Fortschreiten ins 19. Jahrhundert auch bei der Genremalerei wieder ein Gestalten in gegensätzlicher Richtung, das stärker als bei Pichler ins Zeitlose geht. Mag dem letzteren eine Bettseitenwand aus dem Museum Erding (Abb. 47), die, breitflächig hingestrichen, voll tragischen Humors ist, noch näher stehen, so sind die Szenen des Lambacher Bettes trotz früheren Entstehens schon stark in das dekorative Gesamtsystem einbezogen (Abb. 53). Es ist jedoch hier nicht die letzte Möglichkeit dieser Art erreicht. Reinste Volkskunst entsteht schließlich in Tölz in Zusammenhang mit der schon genannten Rosenmalerei; das Fußbrett einer Himmelbettstatt im Tölzer Museum bietet hiefür beste Zeugenschaft (Abb. 57). Es sind dort die Reiterheiligen dargestellt, ganz verwoben in eine ornamentale, naturferne Landschaft mit Bäumen, Wolken und Tieren, in der alle Kreatur eins geworden ist. Wenn wir nun von hier zurückblicken auf die wesentlich früheren, aus der Stilkunst mit köstlicher Naivität ins Volkstümliche übersetzten Wandbilder eines Bauernhauses in Tyrlbrunn (Rupertiwinkel, Abb. 12), den. hl. Georg und einen jagenden Bauern, eingefangen im dichten Gewebe von Ranken und Blumen – so läßt uns dies die Erkenntnis gewinnen, daß solche auf Möbel gemalte Schilderungen nicht isoliert stehen; vielmehr leben sie aus alten Traditionen, sie sind in Wahrheit Teile einer Welt von volkstümlichen Selbstdarstellungen, die auf Mirakeltafeln und Votivbildern, in Stickerei und Plastik vom Volk Zeugnis geben.

Soviel Einzelzüge der bemalten Möbel wir nun verfolgt haben, aus dem Zusammensetzen derselben entsteht noch keineswegs das ganze Bild; noch fehlt das Künstlerische, das immer eine Einheit ist. Über das Erklären hinaus muß es erfühlt werden, auch wenn es „nur“ an einem einfachen Bauernschrank erscheint. Menschentum in den alten Ordnungen von Sitte und Brauch, Erlebtes und Erfahrenes, soziale und künstlerische Kräfte vereinigen sich zum echten Werk.

74 Schaden an der Malschicht: abgeplatzte Farbe; Schaden am Holz: Rißbildung

Technik und Pflege

Durch die allgemein gewordene Neigung zu Antiquitäten, vor allem auch zu den Zeugnissen der bäuerlichen Sachkultur, kommen immer mehr Objekte der Volkskunst in die Hände begeisterter, aber oft unerfahrener Sammler und Liebhaber. Es mag deshalb im Zusammenhang einer Darstellung von Geschichte und Erscheinung der bäuerlichen Möbelmalerei angebracht sein, einige grundsätzliche Fragen zur Behandlung von Gegenständen aus diesem Bereich zu erörtern. Dabei sollen nun keineswegs Anleitungen zu umfassenden Restaurierungsarbeiten geboten werden, wie sie nur dem gelernten Fachmann möglich sind, noch soll damit die heute oft geübte allzu starke und allzu erneuernde Herstellung der Bemalung unterstützt werden. Es ist nur beabsichtigt, dem nicht einschlägig vorgebildeten, aber geschickten Besitzer einige Ratschläge zur Instandsetzung häufiger, kleinerer Schäden und zu einer richtigen Pflege des Stückes zu geben.

Zunächst dürfte eine Übersicht über die verschiedenen in der bäuerlichen Möbelmalerei angewandten *Techniken* nützlich sein. Es ist dies allerdings mit einigen Schwierigkeiten verbunden, da bisher kaum zusammenfassende Untersuchungen zu diesem Thema vorliegen.

1 *Die Kaseinmalerei*

Sie bildet die elementar bäuerliche Technik, die gerade vom ländlichen Schreiner-Maler angewandt wurde, weil ihre Zutaten ihm mühelos zugänglich waren. Als Bindemittel findet hier nämlich Kasein, ein Milchprodukt, Verwendung. Um Kaseinleim zu gewinnen, muß Topfen (Quark) aus Magermilch fein zerrieben und mit einem Zusatz von gelöschtem Kalk (möglichst alt aus der Kalkgrube) aufgeschlossen werden: auf ein Kilogramm Topfen kommt etwa nußgroß Kalk (andere Rezepte steigern den Kalkzusatz bis zu einem Fünftel der Gesamtmenge Topfen[126]). Das sorgfältige Durchrühren mit Kalkzusatz bewirkt die Umsetzung des Topfens in Kaseinleim, d. h. die Freisetzung des Milcheiweißes, wobei die Mischung sämig wird. Diese wird notfalls durch ein Sieb gestrichen und mit Leinölfirnis emulgiert. Je nach Bedarf erfolgt schließlich die Verdünnung mit Wasser. Diese Kaseinemulsion (Tempera) ergibt eine Malerei von ungewöhnlicher Dauerhaftigkeit, die vor allem wasserunlöslich ist.

Wie sehr diese Kaseintechnik dem bäuerlichen Bereich verbunden ist, zeigt die Tatsache, daß – wie Christian Rubi berichtet[122] – etwa in der Berner Bauernmalerei das Kasein nach einer aus der Käsezubereitung vertrauten Methode gewonnen wird: „Man läßt einen Topf Magermilch so lange stehen, bis sie sauer geworden ist. Dann bringt man sie auf mäßiges Feuer, worauf sie gerinnt. Es scheidet sich das Wasser vom Käsestoff. Mit Hilfe eines feinen Tuches preßt man diesen aus und hat so das Kasein gewonnen."

Die Zusammenhänge mit der Kalkkasein-Wandmalerei, die bis zum Ende des 18. Jahrhunderts für den bayerisch-tirolischen Raum nachgewiesen ist, wurden noch nicht näher untersucht; doch ist eine Verbindung mit dieser Vorbildschicht zu erwägen.

Mit diesem Kaseinbindemittel werden nun die Farben angesetzt, in der jeweils benötigten Tagesmenge, da das Kasein, besonders im Sommer, rasch fault. Bei den Farben handelt es sich zur Zeit der volkstümlichen Möbelbemalung um die damals bekannten Farben (Pigmente): Am Beginn stehen, wie die Geschichte der Möbelmalerei gezeigt hat, auf dem Blankholzgrund Schwarz und Rot, natürliche Pigmente also, da Schwarz aus Kienruß, Rot aus Ochsenblut oder Rötel gewonnen wurde. Auch Braun, etwa durch Auskochen von den grünen Fruchtschalen der Walnüsse entstanden, wird benutzt[118]. Die größere Farbauswahl der barocken Phase der Möbelmalerei kennt vorwiegend Erdfarben. Ein Verzeichnis der Namen der Farben für den (Maler) „Petter Wuettrich von Schurtenäll" im Truberland (Kanton Bern) von 1776 nennt folgende Töne:

„Weiße : Bleiweiß
Gelbe : Gelbe Kreiden (Eisenoxidhydrat)
Bruny : Umberen (Umbra = Manganerde)
Schwarze : Kienruß
Blaue : Berlinerblauy (Eisencyansalz)
Rote : Mennige und Zinnober
Grüny : Spagrüne (Spangrün = Grünspan?)
Brunroti : Nürenberger Rot
Rotbruny : Englischi Erden (Eisenoxide)[122]."

Die Kaseintechnik benutzt eine sogenannte „lange" Farbe, d. h. sie ermöglicht ein leichtes, flüssiges und großliniges Arbeiten, im Gegensatz zur „kurzen", oft pastenartigen Ölfarbe.
Vor dem Malen muß das Holz grundiert werden; denn es muß für die Farbe eine Isolierung geschaffen werden, da sonst das Holz zuviel Bindemittel aus der Farbe absaugen würde. Dafür benutzte man in alter Zeit oft gleichfalls sein Kaseinbindemittel, mit dem man das Holz einließ.
Vorbereitende und wohl auch konservierende Wirkung dürften weiterhin die Leim- und Firnisbehandlungen besitzen, die für verschiedene Landschaften festgestellt werden konnten. So berichtet Friedrich Sieber[128] für die Oberlausitz, daß hier das Holz zunächst mit einer Firnisschicht übergangen wurde, die man in der Sonne einbrennen ließ. Offensichtlich konnten aber diese Behandlungen zu der technischen auch eine dekorative Funktion gewinnen. Es charakterisiert eine bestimmte frühe Stufe der Möbelmalerei, die Malerei auf Blankholz, daß das Holz mit einem sehr stark lasierenden Überzug versehen wird, der die Holzstruktur durchscheinen läßt. Aus dem Tiroler Alpbachtal wissen wir durch Josef Ringler[121], daß die Blankholzflächen mit einem Firnis übergangen wurden; er enthielt einen bräunlichen Farbzusatz, dem die Möbel ihren „charakteristischen warmen, rötlichen braunen Ton und den matten Seidenglanz verdanken". Entsprechendes ist auch etwa für den baden-württembergischen Raum nachgewiesen[130]. Es liegt in der Natur der Volkskunst, daß sich solche Behandlungsformen verselbständigen und zu eigenen Zierelementen werden können, eine Musterung erhalten, Holzmaserung vortäuschen oder sich abstrakt ornamental geben. Dies wird technisch erreicht durch Stupfen mit Rundpinseln, Stoffballen, Schwämmen oder Hobelspänen, durch Anwischen mit Flachpinseln oder durch „Kämmen" mit speziell zugeschnittenen Pinseln, beziehungsweise durch das Auskratzen der Farbe mit Kämmen, Stäbchen oder anderen Instrumenten, die sich die Maler oft individuell anfertigten, wie denn hier und beim gestalterisch verwandten Marmorieren größte Phantasie entwickelt wurde.
In – möglicherweise etwas modifizierter – Form dürfte diese Präparierung der Malfläche auch bei den anderen anschließend behandelten Techniken angewandt worden sein.
Auf diesem vorbereiteten Grund wurde nun die Malerei – der lokalen und entwicklungsgeschichtlichen Situation entsprechend – zunächst freihändig oder mit Schablonen auf das blanke Holz, später dann auf einer einfarbigen, nuancierten oder mehrfarbigen Grundierung pastos oder lasierend aufgetragen. Von dieser Art der deckenden Möbelbemalung wissen wir, daß ihre Anfänge, bestehend etwa in schwarzer Konturzeichnung auf weißem Grund, nicht dem Arbeitsbereich der alten Holzhandwerker (Zimmermann, Tischler) entstammen, sondern daß sie ihre Wurzel in den Werkstattgewohnheiten der professionellen Maler der Spätgotik hat, die in dieser Weise große Flächen, wie die Rückseiten von Altären, gestalteten[118].
Die Malerei wurde nun eventuell noch nachbehandelt, etwa mit einer letzten Kaseinschicht, mit einem Deckfilm von Wachs – wie wir aus der Lausitz wissen[128] –, oder mit Firnisüberzügen.
Die Kaseintechnik dürfte bis in das 19. Jahrhundert im ganzen süddeutschen und alpinen Raum bevorzugt worden sein; aber auch anderwärts dürfen wir sie bei ihrer Eignung für ländliche Verhältnisse annehmen – Karl Rumpf belegt sie ausdrücklich für Hessen[125] und auch für Sachsen ist sie nachgewiesen.
Daneben finden jedoch, wenn auch in beschränktem Umfang, andere Leim- und Temperatechniken (vom mittellateinischen temperare = mischen) Verwendung. Darunter sind zu verstehen

Bindemittel aus Leimstoffen, mit oder ohne Zusatz von Ölen oder Wachsseife.

2 Ei-Tempera

„Zu einem ausgeschlagenen Ei setzt man einen gleichen Raumteil Öl und dann je nach Bedarf einen bis zwei Raumteile Wasser und zwar unter jedesmaligem, kräftigem Schütteln. Durch Wasser- und Ölzugabe kann der Maler diese Ei-Emulsion magerer oder fetter machen.“[122] Nach einiger Zeit wird sie wasserunlöslich; sie ist widerstandsfähiger als Ölfarbe.

3 Kleistertechnik

In der schweizerischen (Berner) Möbelmalerei ist es vor allem im 17. und in der ersten Hälfte des 18. Jahrhunderts auch zu einer Kleistertechnik gekommen, bei der sich die Maler ebenfalls leicht erreichbarer Mittel bedienten, so etwa des Weizenmehles, das ja „neben Stärke sehr viel Eiweiß enthält“[122,124].

4 Leimtechnik

Verschiedentlich taucht in der Literatur auch der Begriff der Leimtechnik auf[118,125,130], jedoch ohne nähere Definition der Herstellung. Es könnte sich dabei um die Verwendung des in der Schreinerei gebräuchlichen Warmleimes handeln, der als Farbbindemittel leicht erreichbar war und sich besonders für lasierende Arbeiten gut eignet. Zur Festigung dieses sehr empfindlichen Farbauftrages muß dann allerdings ein Überzug mit Firnis (oder, wie in der volkstümlichen Faßmalerei, die diese Technik ebenfalls kennt, mit Lack) erfolgen.

5 Kreidegrund-Technik

Zuweilen stoßen wir, vor allem im 18. Jahrhundert, auch auf Möbel, die von professionellen Faß- oder Kirchenmalern bemalt wurden. Sie zeigen die den Meistern aus ihrer Tätigkeit beim Fassen von Altären oder Plastiken geläufige Technik der Kreidegrundierung als der Unterlage für Kaseinmalerei oder Vergoldung, bei welcher ein mit warmer Leimlösung präparierter Holzgrund in einer oder mehreren Schichten mit Kreide (eingerührt in Leimlösung mit wenig Ölfirniszusatz, sog. „Halbölgrund“) überzogen wird. Geschliffen ergibt dies einen sehr festen und glatten Malgrund. Abgesehen von der meist auffallend reichen Gesamterscheinung und malerisch und stilistisch gewandten Behandlung und Gestaltung dieser Möbel läßt sich die Technik leicht an Schadenstellen erkennen, wo der weißliche Kreidegrund sichtbar wird.

6 Ölmalerei

Im süddeutsch-alpinen Raum etwa seit dem letzten Drittel des 18. Jahrhunderts, in anderen Gebieten, etwa in Norddeutschland, möglicherweise früher und umfassender, setzt die Öltechnik – die also auf der Anwendung pflanzlichen Öles als Bindemittel für die Farben beruht – in der volkstümlichen Möbelmalerei ein. Im Laufe des 19. Jahrhunderts wird sie alle älteren Techniken ablösen. Wie Christian Rubi für Schweizer Verhältnisse festgestellt hat[122], kommen nun die „gekochten Öle, die in der Malerei der alten Meister oft eine recht wichtige Rolle gespielt hatten, jetzt auch auf dem Lande zu häufiger Anwendung. Rezepte, ’wie man den Firnis soll machen‘, fanden den Weg ins Bauernhaus und zum Maler. Das Leinöl, jenes Rohprodukt aus dem Flachssamen, konnte natürlich in den zahlreichen Ölmühlen im Überfluß bezogen werden“. Um es als Farbbindemittel für Techniken der angewandten Kunst geeignet zu machen, „behandelte und kochte man es eben auf besondere Weise. Der schon erwähnte Truber Peter Wühtrich verwendete laut seiner Aufzeichnung aus dem Jahre 1776 Silberglätte, ein blättrig-kristallinisch erstarrtes Bleioxidprodukt, Mennige und ein wenig Umbra: ‚Und wan du Firnis kochen wilt, ein Vierteli (Viertelmaß = rund 4 dl), so nim ungefähr ein Löffel voll von der gemelten Matheri. Wan si darin ist, so sieds zwey Unser Vatter lang ungefehr‘.“ Ähnlich lautet übrigens auch eine Anweisung aus Beatenberg (Kanton Bern) vom Ende des 18. Jahrhunderts, die schließt: „Du mußt zu allen Farben von dem Firniss nehmen und Terpentinöl 3 Tröpf.“[122]
Zwei im Institut für Volkskunde, München, aufbewahrte Maler-

notiz- beziehungsweise Anleitungsbüchlein, um 1840 im Isartal entstanden, beschreiben sehr ausführlich und anschaulich diese Technik. Wir greifen ein Farbrezept sowie die grundsätzlichen Anweisungen zum Malvorgang heraus:

„Echtes gutes auch von ferneren Zusatz befreites Braunschweiger grin. / Giebt das feinste und schönst u. standhaftesten grünen Anstrich. Der Gegenstand, welchen man schön grün Anstreichen will es sey Holz, Eisen, Kupfer, oder Stein, gründe man erst Aschgrau; Dieser Grund besteht auß guten Englischen Bleyweiß welches mit einem hel(l)en Leinöhlfirnis abreiben u. eingerührt wird hernach nehme man einen Theil gutes Englisches Bleyweiß drey Theil von dem Braunschweiger grün, und reibe beydes recht fein in einen hellen Leinöhlfirnis ab, und rühre die geriebene Farbe mit selbigen ein. Wen man zwey Anstriche auf dem Aschgrauen grund aufstreichen (tut) so erhält man einen schönen grünen Anstrich."

„Jedes Holz, das einen sauberen Anstrich erhalten soll, muß zuvor sauber gehobelt werden. Alsdann trägt man die Farbe ganz gleichmäßig mit einem Pinsel, der aus den Rückenborsten der Schweine bereitet ist, auf das Holz auf. Wenn man große Flächen zu streichen hat, so ist es gut, daß man mit dem Pinsel nicht über die Quer des Holzes, sondern wie die Adern des Holzes laufen, in die Länge mit dem Streichen verfährt. / Die Farbe nimmt man zum Grundiren nicht zu dick; auch ist es nicht notwendig, daß man zum Grundiren feinere Farben wählt. Wenn man einen dunklen Anstrich herstellen will, so kann man zum Grundiren eine hellere Farbe anwenden. / Jeder Anstrich auf neues Holz mus drey Mal wiederholt werden, damit die Adern des Holzes nicht durch den Anstrich schimmern ... / In einem Zimmer, wo sich viel Staub befindet, und in welchem gearbeitet wird, sollte man nicht anstreichen, weil sich der Staub auf dem naßen Anstrich festsetzt und dadurch letzterer seine Reinheit verliert. Man wähle daher einen reinen und ruhigen Ort im Hauße, stelle die Arbeit dahin und beginne den Anstrich. / Eben so wichtig ist das Trocknen eines Anstrichs. / Die Oelfarben ziehen die unreinen Dünste nach sich und verlieren ihre Schönheit dadurch. So (wird) z. B. der weiße Anstrich von Bleyweiß gelb u.s.w. Auch das Trocknen des Anstrichs wird durch die unreinen Dünste sehr gehindert; daher nehme man den Anstrich nie in feuchten und dünstigen, sondern in trockenen und luftigen Zimmern vor, so wird der Anstrich seine Schönheit behalten und rascher trocknen. Um das Trocknen der Oelfarben noch besonders zu befördern, gieße man etwas Terpentinöl unter die weiße Farbe, oder nehme Bleyzucker, Silberglätte oder weißen Vitriol und reibe solches mit der Ölfarbe, so wird die Farbe schneller trocken."

7 Lack-Technik

In der Uhrenschildmalerei des Schwarzwaldes begegnen wir schließlich noch einer Lacktechnik, welche die für den Beginn nachgewiesenen Leimwasserfarben ablöste. „Die vom Schildbrettmacher gelieferten, etwa vier bis fünf Jahre gelagerten Holzbretter erhielten mit Leim und Gips einen viermaligen Grundierungsanstrich, der dann mit Bimsstein poliert und mit dem Handballen glattgerieben wurde. Darauf kam eine dreimalige Lackierung mit Weißlack, die man mit einem Wollappen blank rieb, dann wurde freihändig oder mit Schablone und später mit dem Reißzeug das Rund des Zifferblattes aufgemalt, dann die Ziffern aufgetragen, die Minutenstriche und zuletzt die Blumen und andere Schmuckmalereien ausgeführt. Schließlich wurde der Lack (aus Sandarak-Harz und Weingeist) aufgetragen, nach dem Trocknen mit Kreidestaub geschliffen und mit einem in Leinöl getränkten Lappen poliert." Diese Technik soll von Georg Gsell aus Urach in ihren Grundzügen erfunden (Wasserfarben auf weißgrundiertem Holz mit Lacküberzug) und nach Verbesserungen um 1780 zuerst durch Kajetan Kreuzer in Furtwangen und zwei Maler aus Eisenbach eingeführt worden sein[127].

8 Weitere Techniken

In der letzten Spätzeit der Möbelmalerei ist sogar die Verwendung von Bier und Zucker als Bindemittel zu beobachten.

Die einzelnen Techniken, auch die Haupttechnik der Kasein- und der Ölmalerei, sind für den Laien kaum zu unterscheiden, zumal wenn etwa eine Kaseinmalerei nachträglich mit Firnis überzogen wurde. Hier muß selbst der Restaurator zunächst die Firnis- oder Lackschicht ablösen, um eine sichere Entscheidung treffen zu können.

75

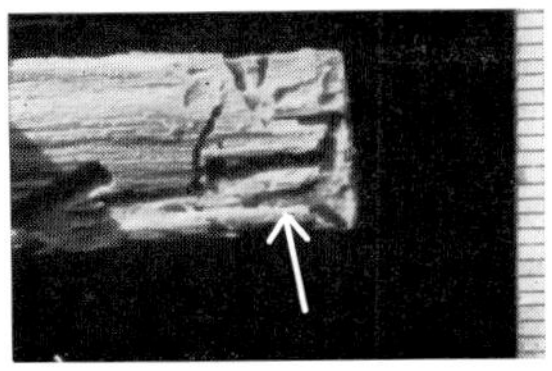

76

77

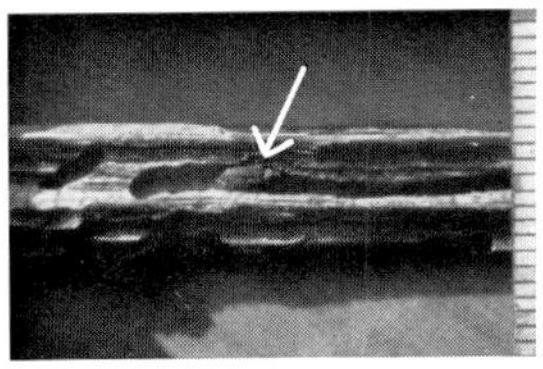

75 Lebende Larven des Anobium punktatum (etwa 30fach vergrößert)

76 Befallenes Holz mit einer Larve des Anobium punktatum (am unteren Teil des Holzes ganz rechts im Freßgang), durch Xylamoneinwirkung getötet und vertrocknet, in natürlicher Größe. Am rechten Rand eine Millimeterskala.

77 Ein gewöhnlicher Nagekäfer im Freßgang, durch Xylamoneinwirkung getötet, in natürlicher Größe, daneben Millimeterskala

78 Gewöhnlicher Nagekäfer (Anobium punktatum)

79 Schaden am Holz: Holzwurmbefall

78

An bemalten Bauernmöbeln sind eine Reihe typischer *Schäden* immer wieder festzustellen. Man unterscheidet Schäden des Farbträgers, des Holzkörpers also, und solche der Farbschicht selbst. Alles Holzwerk, vor allem Hirnholz (das quer zur Faserrichtung geschnittene Holz) weist sehr oft Befall durch den sogenannten „Holzwurm" auf. Es handelt sich dabei im allgemeinen um den gewöhnlichen Nagekäfer (Anobium punktatum, u. U. auch um Anobium striatum) und seine Larven. Dieser, „dunkelbraun, 3–5 mm lang, verbreitet in Europa und Südafrika, befällt auch trockenes Holz und sogar sehr altes Splintholz der Laub- und Nadelholzarten. Von einem Weibchen werden in den Monaten Mai und Juni in Holzrisse und alte Fluglöcher 20 bis 40 Eier abgelegt. Innerhalb von etwa 14 Tagen bilden sich bewegliche Eilarven, die in unregelmäßigen Gängen das Holz schädigen, ohne die Holzoberfläche zu verletzen. Die Verpuppung (Metamorphose) der Larven geschieht im Frühjahr in ‚Puppenwiegen' unter der Holzoberfläche. Hierfür wird eine Zeit bis zu vier Wochen benötigt. Durch die charakteristischen kreisrunden Ausfluglöcher verlassen die geschlechtsreifen Käfer dann das Holz"[15] (Abb. 75-78).

79

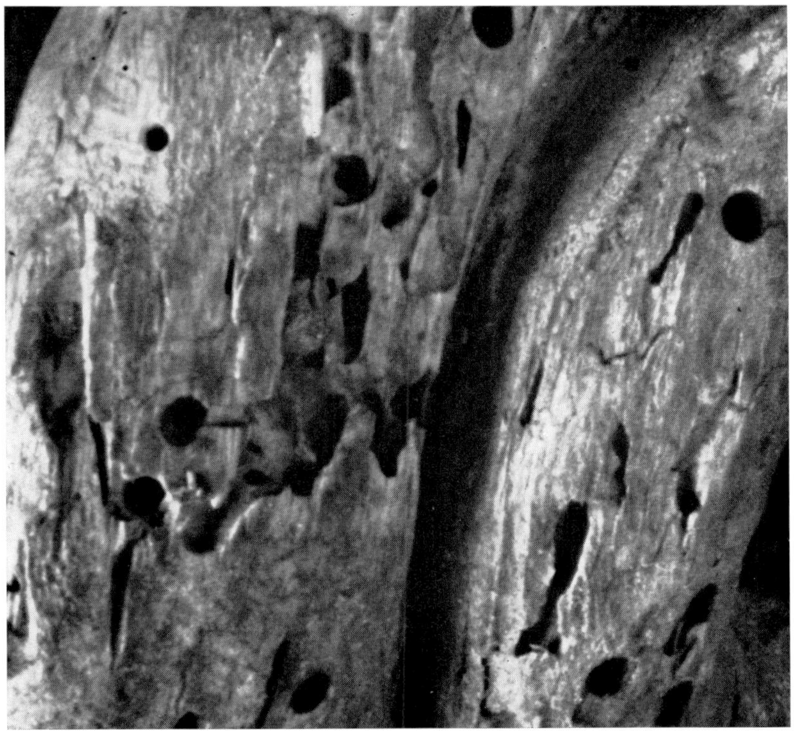

80 Schaden am Holz: Rißbildung

81 Schäden an der Malschicht: Abgeplatzte Farbe infolge Temperatur- und Feuchtigkeitsschwankungen

Es ist dies die hauptsächlichste Art einer Schädigung durch tierische Schädlinge; durch gehäuften Befall kann in wenigen Jahren das Holz bis zur Auflösung durchlöchert werden (Abb. 79).

Das Schwinden des Holzes im Laufe der Zeit bewirkt unter Umständen Spaltenbildung. Nicht selten finden sich auch Rißschäden (Abb. 74, 80). Sie entstehen durch das Arbeiten des Holzes, vor allem bei starken Feuchtigkeitsschwankungen, etwa in nur selten geheizten Räumen.

Temperatur- und damit Feuchtigkeitsschwankungen sind auch eine Ursache des häufigsten Schadens an der Malschicht: des Abplatzens von größeren oder kleineren Farbpartien (Abb. 74, 81). Doch ist dies auch ebenso oft auf zu große Trockenheit der Luft zurückzuführen. Es empfiehlt sich daher, in Räumen, in denen bemalte Möbel stehen, die Luftfeuchtigkeit zu kontrollieren und Geräte zur Luftbefeuchtung aufzustellen, sowie im Raum für möglichst gleichmäßige Temperaturverhältnisse zu sorgen.

Andererseits können derartige Schäden natürlich auch auf mangelnde Haftfestigkeit des Farbauftrages, auf technische Mängel der Malerei also, zurückgehen, wenn nämlich die Farbmischung überbunden wurde, oder wenn falsch emulgiert wurde; die Farbe wird dann spröde und springt. Möbel mit solcher „Veranlagung" sind naturgemäß so stark gefährdet, daß Hausmittel zur Erhaltung nicht genügen; sie gehören unbedingt in die Hand des Fachmannes (Abb. 83).

Aber auch Art und Qualität der alten Farbmittel können Gefahren für die Erhaltung in sich bergen. Namentlich gilt dies für Blau. Das Berliner-Blau, vor allem in der Mischung mit Bleiweiß, war eine sehr empfindliche Farbe, die zum einen dazu neigte, die Tonwertigkeit nach Grün zu verändern, zum andern gegen Laugenschäden besonders anfällig war, so daß man Objekten begegnen kann, deren blaue Farbschicht vollständig zerstört ist; Möbel etwa der Tölzer Gegend können beispielsweise ihre blaue Grundierung auf diese Weise so völlig verlieren, daß sie als Blankholzmöbel erscheinen[115, 118]. Dies ist im übrigen einer der Fälle, wo eine umfassende Neuerstellung von Gesamtfarbflächen als berechtigte Restaurierung angesehen werden darf.

Die Zerstörung größerer Partien der Malschicht durch Laugen, die

82 Schaden an der Malschicht: Laugenschäden (siehe besonders weiß umrahmtes Feld)

bei Reinigungsversuchen am Möbel oder unter Umständen bei der Säuberung des Stubenbodens mit der Malerei in Berührung kamen, stellt einen weiteren, häufig zu beobachtenden Schaden dar (Abb. 82, 86). Zwar ist an sich gerade die Kaseinmalerei wasserunempfindlich, doch wirkt Seife anlösend. Möbel, deren Malschicht mit Öl- oder Harzfirnissen überzogen wurden, sind hierin etwas besser geschützt; öfteres feuchtes Reinigen läßt jedoch den Firnis blind werden, was dann immer neue Behandlungen mit Firnis oder Lack veranlaßt hat. Das Ergebnis ist eine dichte, braune Deckschicht, welche die ursprüngliche Leuchtkraft der Farbigkeit stark vermindert und die Farbwerte selbst verändern kann[119]. Zur Instandsetzung eines solchen Möbels müssen sämtliche Firnisschichten abgenommen werden. Doch übersteigen solche Restaurierungsarbeiten fast immer die Fähigkeiten eines Laien; sie sollten deshalb dem Fachmann überlassen werden, und dürfen höchstens unter dessen Anleitung oder nach Rücksprache mit ihm (Feststellung der adäquaten Abbeizmittel usw.) eigenhändig vorgenommen werden.

83 Schäden an der Malschicht: Abgeplatzte Farbe, infolge technischer Mängel bei der Ausführung

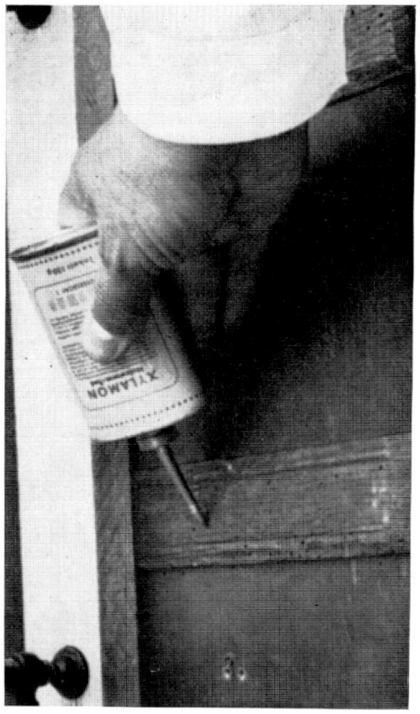

84/85 Behandlung von Holzwurmschäden mit Schutzmittel

Bei einem in vernachlässigtem Zustand erworbenen Möbel sollte als erste Maßnahme zur *Pflege* nachgesehen werden, ob Holzwurmbefall vorliegt, was an den runden Löchlein in der Holzoberfläche festzustellen ist – dabei sollte im besonderen die Unterseite des Möbels kontrolliert werden –, beziehungsweise ist vor allem zu beobachten, ob der Schädling noch tätig ist. Dies erkennt man an den Häufchen von hellem Holzstaub („Wurmmehl"), die ausgestoßen werden. In diesem Fall ist eine Behandlung mit den speziellen Schutzmitteln Xylamon oder Combi-Basileum anzuraten. Bei umfassendem Befall sind die gesamten unbemalten Flächen einzulassen. Geringerer Befall kann auch durch Einführen des Mittels direkt in die Wurmlöcher mit Hilfe einer Spritze oder eines Spritzkännchens behandelt werden (Abb. 84/85). Die Flüssigkeit darf mit der Malerei nicht in Berührung kommen, da dies bleibende Flekken hinterlassen würde. Auch sind diese Mittel nicht geruchfrei; in bewohnten Räumen ist Vorsicht geboten.

Die nächste Maßnahme ist das Reinigen von Staub und Schmutz. Entstauben mit Tuch oder Bürste allein nützt im allgemeinen wenig; allenfalls für geschnitzte Partien erweist sich ein steifborstiger Pinsel als praktisch. Meist wird man zu intensiveren Mitteln der Säuberung greifen und das Möbel feucht abreiben müssen. Dazu eignet sich am besten eine Lösung von einem der nichtalkalischen Waschmittel, wie sie heute im Handel sind (z. B. Rei). *Seife darf unter keinen Umständen verwendet werden!* Man bedient sich am günstigsten eines weichen Tuches, das nur feucht, nicht mehr naß sein darf, also sehr gut ausgewunden sein muß. (Aus diesem Grunde sind Schwämme weniger zu empfehlen.) Auf keinen Fall darf auf der Malerei Nässe stehenbleiben, die in das Holz eindringen könnte.

Die Ausbesserung von Schäden erfolgt als nächstes:

Um große, durchgehende Fugen oder Risse, wie sie durch das Schwinden oder Arbeiten des Holzes entstehen, zu reparieren, müßte eigentlich das Möbelstück neu verleimt werden; doch wird sich dies in den wenigsten Fällen durchführen lassen, vor allem dem Laien nicht möglich sein, da das Möbel dazu auseinandergenommen werden müßte. Man kann sich mit dem Ausspänen der Fugen mittels kleiner Lättchen und Fournierspäne helfen, die man sich beim Schreiner passend besorgen kann und die eingeleimt werden. Größere Schäden dieser Art im Bereich der Malerei sollten allerdings vom Restaurator fachmännisch behoben werden, da hier von der Wahl des Holzes bis zum Einpassen des Stückes sehr viel Erfahrung notwendig ist. Weniger bedeutende Schäden, kleine Risse, Löcher, Scharten, lassen sich mit Lackspachtel auskitten oder mit flüssigem Holz ausbessern.

Zu den Reparaturen am Körper des Möbels gehören unter Umständen auch Ergänzungen von Einzelteilen, wie Gesimsen, Füßen, Sockeln, Schlagleisten, Zierleisten, die vom Schreiner vorgenommen werden müssen. Die Maße der Leisten werden meist auf dem Möbel innerhalb der Malerei noch zu erkennen sein; oft fehlen ja auch nur Teile, so daß auch die Profilschnitte noch vorgegeben sind. Im übrigen finden sich bei alteingesessenen Schreinereien oft noch alte Profileisen, mit denen die charakteristischen Profilformen in etwa nachgebildet werden können. Ist die Neuanfertigung von Füßen oder Sockeln oder Gesimsen notwendig, so sollte sie nur nach genauer Informierung über die entsprechenden Gestaltungen der Entstehungszeit, aber auch der Herkunftslandschaft des Möbels

86 Schäden an der Malschicht: Laugenschäden

87 Historisches Beispiel einer Adaptierung alter Bauernmöbel. An einen Schrank aus Lenggries/Obb., wurden von Gabriel von Seidel, München, zu musealen Zwecken ca. 1905 Seitenteile angefügt. Bad Tölz/Obb., Heimatmuseum.

und im Benehmen mit einem erfahrenen Kenner geplant werden; allein schon die Abbildungen dieses Buches zeigen die Vielfalt und die Individualität der Lösungen. Eine falsche Sockelform, ein zu mächtiges oder zu ärmliches Gesimse können ein Möbel vollständig der Harmonie seiner Erscheinung berauben.

Umfassende Schäden im Farbbereich unsichtbar zu beheben, wird dem Laien meist unmöglich sein. Günstiger ist die Situation natürlich bei Schäden geringeren Umfanges, obgleich auch hier gewisse Einschränkungen gegeben sind. Wie oben festgestellt, ist es für Laien bereits schwierig, die angewandte Technik zu identifizieren. Aber selbst bei Kenntnis der Malmittel können nicht unbedenklich Ausbesserungen oder Retuschen vorgenommen werden. Wenn auch Ölmalerei unschwer annähernd zu ergänzen ist, so läßt sich dies bei Kaseinmalerei nicht so leicht durchführen. Zwar kann man heute gebrauchsfertigen Kaseinleim in flüssigem Zustand im Handel erwerben, der sich notfalls auch emulgieren läßt (wenn auch seine Qualität mit der des selbstbereiteten nicht zu vergleichen ist), doch bleibt es schwierig, die Mischung und die Farbtönung so abzustimmen, daß sich sowohl die Konsistenz des Malmaterials, als auch die Wertigkeit der Farben gleichartig in den alten Bestand einfügen.

Vor allem sind der Trocknungsprozeß, beziehungsweise die notwendigen Schutzüberzüge der Malerei in ihren Ergebnissen schwer vorauszuberechnen, so daß zu befürchten ist, daß die Ausbesserungen als Flecken sichtbar bleiben. Für den Laien dürfte es deshalb am einfachsten und sichersten sein, die Schäden mit Aquarellfarben auszustimmen, d. h. nicht so sehr nachzumalen – ohne lange Übung ist es nicht leicht, den Originalduktus der Malerei nachzuformen – als vielmehr auszutupfen. Dazu eignen sich am besten Haarpinsel in verschiedenen Stärken oder auch feine Borstenpinsel mit geschliffenen Borsten.

Es bieten sich hier zwei Möglichkeiten des Vorgehens, deren man sich je nach Können und Erfahrung bedienen sollte: die eine besteht in dem Versuch, die Ergänzung zunächst in der reinen Farbgebung der primären Malerei vorzunehmen und dann die durch den Alterungsprozeß geschehenen Veränderungen der Farbigkeit – Dämpfung, Gelbwerden usw. – durch Lasuren der Umgebung der Schadenstelle anzupassen; für den Laien dürfte es allerdings angebracht sein, die Ausbesserungen von vornherein dem derzeitigen Farbzustand der Malerei anzugleichen.

Man muß sich natürlich darüber im klaren sein, daß damit keine Restaurierung des Möbels erreicht ist, sondern lediglich die Beeinträchtigung der optischen Wirkung behoben wurde.

Zuletzt wird man die gesamte Möbeloberfläche einer schützenden Behandlung unterziehen. Wie wir sahen, geschah das auch bei der Entstehung der Objekte in verschiedener Weise. Hier ist vor einer Behandlung mit Leinölfirnis, sowie mit Mitteln, wie sie zur Auffrischung von Leinwandgemälden dienen, oder mit Lack nachdrücklich zu warnen. Sie bilden eine unangenehm glänzende Haut über der Malschicht, die zudem wieder nachdunkelt oder gelblich verhärtet. Als ebenso ungeeignet müssen auch die handelsüblichen Möbelpolituren bezeichnet werden. Es hat sich am besten bewährt, die Möbel mit Bienenwachs oder einem guten weißen Hartwachs, das Carnaubawachs enthält, einzureiben. Zu viel und zu weiches Wachs ergäbe eine klebrige Oberfläche, die nur staubanziehend wirkte und alsbald von neuem eine Schmutzschicht entstehen ließe. Dieser abschließende Überzug von Wachs bildet einen konservierenden, wasserabstoßenden, leicht abzustaubenden Schutzfilm, der, mit weichem Tuch oder weicher Bürste poliert, einen seidigen Glanz ergibt und die Farben tiefer und satter erscheinen läßt.

Mag es also für den Laien unter Umständen auch recht mühevoll sein, eine solche Wiederherstellung und Pflege selbst durchzuführen, so wird ihm jedoch ohne Zweifel ein in seiner historischen Individualität und volkhaften Aussagekraft wiedergewonnenes oder neu belebtes Stück Volkskunst eine besondere Befriedigung bereiten.

Literatur

Geschichte und Erscheinung

1 Baud-Bovy, Daniel, Schweizer Bauernkunst. Zürich–Leipzig–Berlin 1926

2 Baur-Heinhold, Margarete, Deutsche Bauernstuben (= Blaue Bücher o. N). Königstein i. T. 1961

3 Borchers, Walter, Volkskunst im Weizacker. Leipzig 1932

4 Bramm, Otto, Truhentypen. In: Volkswerk. Jahrbuch des Staatl. Museums f. Deutsche Volkskunde (Jena) 1/1941, S. 154ff.

5 Brückner, Barbara, Volkstümliche Farben im Chiemgau. Kallmünz 1936

6 Burckhardt, Erwin (u. Bernoulli, Christoph), Appenzeller Bauernmalerei. Basel-Olten 1941

7 Colleselli, Franz, Gadertaler und Enneberger Truhen im Tiroler Volkskunstmuseum. In: Tiroler Heimatblätter (Innsbruck) 31/1956, H. 7–9, S. 91ff.

8 Colleselli, Franz, Tiroler Bauernmöbel. Innsbruck–Wien–München 1967

9 Degeller, Susanne, Wismut, und die Geschichte der Wismutmalerei. In: Maltechnik. Technische Mitteilungen für Malerei und Bildpflege (München) 69/1963, H. 2, S. 33ff.

10 Edelmann, Heinrich und Albert, Das Toggenburg. Landschaft – Geschichte – Volkskunst (= Schweizer Heimatbücher 52). Bern 1952

11 Gebhard, Torsten, Volkstümliche Kinderwiegen in Altbayern und Bayerisch-Schwaben. In: Bayerischer Heimatschutz (München) 31/1935, S. 1ff.

12 Gebhard, Torsten, Die volkstümliche Möbelmalerei in Altbayern mit besonderer Berücksichtigung des Tölzer Kistlerhandwerks. In: Bayerischer Heimatschutz (München) 32/1936. Sonderabdruck: München 1937

13 Gebhard, Torsten, Die landschaftliche Gliederung der süddeutschen Bauernschränke. In: Jahrbuch 1937 des Bayerischen Landesvereins für Heimatschutz (München) S. 18ff. Sonderabdruck: Ritz, Joseph M., Süddeutsche Volksskunst, München 1938

14 Gebhard, Torsten, Zur Technik der alten Möbelbemalung. In: Das deutsche Malerblatt. Illustriertes Fachblatt für das Malerhandwerk (Stuttgart) 20/1949, H, 3, S. 90ff.

15 Gebhard, Torsten, Hell und dunkel in der Volkskunst. In: Bayerisches Jahrbuch für Volkskunde (München) 1950, S. 65ff.

16 Gebhard, Torsten, Frühe Stufen volkstümlicher Schablonenmalerei und verwandte Werke aus der Zeit zwischen Gotik und Barock. In: Carinthia I, Mitteilungen des Geschichtsvereins für Kärnten (Klagenfurt) 145/1955, S. 490ff.

17 Geist, Friedrich und Hanhart, R., Appenzellische und Toggenburgische Bauernmalerei. Ausstellung im Kunstmuseum St. Gallen 1956, Katalog

18 Haberlandt, Arthur, Volkskunde des Burgenlandes. Hauskultur und Volkskunst (= Österreichische Kunsttopographie, Bd. XXVI). Baden bei Wien 1939

19 Haberlandt, Michael, Österreichische Volkskunst. Aus den Sammlungen des Museums für Österreichische Volkskunde. Wien 1911

20 Hahm, Konrad, Deutsche Volkskunst. Berlin 1928

21 Hahm, Konrad, Ostpreußische Bauernteppiche. Jena 1937

22 Hahm, Konrad, Deutsche Bauernmöbel. Jena 1939

23 Hanhart, R. und Geist, Friedrich, Appenzellische und Toggenburgische Bauernmalerei. Ausstellung im Kunstmuseum St. Gallen 1956, Katalog

24 Harburger, Theodor, Werke jüdischer Volkskunst in Bayern. In: Bayerischer Heimatschutz (München) 26/1930, S. 94ff.

25 Hillenbrand, Karl, Bemalte Bauernmöbel aus Württembergisch-Franken. Stuttgart 1956

26 Hörmann, Konrad, Herdengeläute und seine Bestandteile. Gießen 1917

27 Karlinger, Hans, Deutsche Volkskunst. Berlin 1938

28 Kastner, Heinrich, Die Obstädter Kistler. In: Bayerisches Jahrbuch für Volkskunde (München) 1957, S. 15ff.

29 Kisslinger, Max, Alte Bauernherrlichkeit. Linz 1957

30 Kisslinger, Max, Alte bäuerliche Kunst. Linz 1963

31 Kistner, Adolf, Die Schwarzwälder Uhr (= Heimatblätter „Vom Bodensee zum Main", Nr. 31). Karlsruhe 1927

32 Kollreider, Franz, Osttiroler Bauernmöbel. Eine Übersicht. In: Österreichische Zeitschrift für Volkskunde NS XXI/1967, H. 4, S. 241ff.

33 Die Kunstdenkmäler von Bayern. Unterfranken: I Stadt und Lkr. Kitzingen. München 1911, (Abb. 174)

34 Die Kunstdenkmäler von Bayern. Unterfranken: XVIII Lkr. Miltenberg. München 1917, (Abb. 87)

35 Die Kunstdenkmäler von Bayern. Unterfranken: XXII Lkr. Neustadt/Saale. München 1922, (Abb. 185/6)

36 Die Kunstdenkmäler von Bayern. Mittelfranken: III Lkr. Hilpoltstein. München 1929, (Abb. 177)

37 Lauffer, Otto, Farbensymbolik im deutschen Volksbrauch. Hamburg 1948

38 Lipp, Franz, Oberösterreichische Bauernmöbel. Entwicklung und landschaftliche Verbreitung der volkstümlichen Möbel in Oberösterreich von den Anfängen bis zur Gegenwart. Ausstellung im Oberösterreichischen Landesmuseum Linz 1964, Katalog

39 Lipp, Franz, Stuben und Stubenlandschaften in Oberösterreich. In: Österreichische Zeitschrift für Volkskunde NS XIX/1965, H. 4, S. 225ff.

40 Lipp, Franz, Oberösterreichische Stuben. Bäuerliche und bürgerliche Innenräume – Möbel und Hausgerät. Linz 1966

41 Lippmann, E. O. von, Die Geschichte des Wismuts zwischen 1400 und 1800. Berlin 1930

42 Mais, Adolf, Die Gruftbestattungen zu St. Michael in Wien. Bruderschaften, Bestattungen, Sargmalerei, Totenbeigaben. In: Kultur und Volk. Beiträge zur Volkskunde aus Österreich, Bayern und der Schweiz. Festschrift für G. Gugitz. Wien 1954

43 Meyer-Heisig, Erich, Die Heimkultur des schlesischen Bauerntums der Vergangenheit: Die Möbel. In: Schlesische Heimat (Breslau) 1938, H. 1, S. 15ff.

44 Meyer-Heisig, Erich, Die deutsche Bauernstube. Art und Entwicklung der Stube im deutschen Bauernhaus nebst einem Anhang mit Beispielen heutiger Stubengestaltungen. Nürnberg 1952

45 Meyer-Heisig, Erich, Deutsche Volkskunst. München 1954

46 Moser, Oskar, Kärntner Bauernmöbel. Handwerksgeschichte und Frühformen von Truhe und Schrank. In: Carinthia I (Klagenfurt) 134/1944 – 140/1950. Sonderabdruck: Klagenfurt 1949

47 Nehmiz, Hanshugo, Schlesische Brotschränke. Ein Beitrag zur Geschichte bäuerlichen Hausrates. In: Schlesische Heimat (Breslau) 1937, H. 1, S. 23ff.

48 Neumann, Siegfried, Lade und Koffer im bäuerlichen Mobiliar Westmecklenburgs. In: Deutsches Jahrbuch für Volkskunde (Berlin) 11/1965, S. 123ff.

49 Ott, Margrith, Das Ornament im bäuerlichen Kunsthandwerk des Kantons Appenzell. Zürich 1945

50 (Pretzell, Lothar), Volkskunst und Volkshandwerk. 75 Jahre Museum für Deutsche Volkskunde. Ausstellung im Museum für Deutsche Volkskunde in Berlin, 1964, Katalog

51 Radinger, Karl von, Das Inntaler Bauernhaus und seine Möbel. In: Deutsche Alpenzeitung (München) 1913/14

52 Radinger, Karl von, Der Alpbacher Möbelstil (= Werke der Volkskunst mit besonderer Berücksichtigung Österreichs). Hrsg. M. Haberlandt. Bd. I, Wien 1914, S. 64ff.

53 Ringler, Josef, Tiroler Bauernmöbel. In: Tirol. Natur, Kunst, Volk, Leben (Innsbruck) 2/1929, H. 4, S. 37ff.

54 Ringler, Josef, Bauernstuben und Bauernmöbel im oberen Inntal. In: Tirol. Natur, Kunst, Volk, Leben (Innsbruck) 3/1932, H. 1–2, S. 50ff.

55 Ringler, Josef, Zillertaler Bauernmöbel. In: Tirol. Natur, Kunst, Volk, Leben (Innsbruck) 3/1932, H. 3

56 Ringler, Josef, Tiroler Bauernmöbel. Die Brandenberger Gruppe. In: Volk und Heimat. Festschrift für Viktor von Geramb. Graz 1949, S. 11ff.

57 Ringler, Josef, Das Alpbacher Haus und seine Möbel. In: Tiroler Heimatblätter (Innsbruck) 31/1956, H. 7–9, S. 70ff.

58 Ringler, Josef, Sarntaler Bauernmöbel. In: Der Schlern (Bozen) 39/1965, H. 7, S. 251ff.

59 Ritz, Josef M., Bauernmalerei. Leipzig 1935

60 Ritz, Josef M., Bauernmöbel. Leipzig 1939

61 Ritz, Josef M., Das fränkische Bauernmöbel und die volkstümliche Bemalung von Holzwerk. In: Volkswerk. Jahrbuch des Staatl. Museums für Deutsche Volkskunde (Jena) 1/1941, S. 144ff.

62 Ritz, Josef M., Altbayerische Kasten- und Truhenbetten. In: Volkswerk. Jahrbuch des Staatl. Museums für Deutsche Volkskunde (Jena) 3/1943, S. 193ff.

63 Ritz, Josef M., Rhöner Bauernmöbel. In: Bayer. Jahrbuch für Volkskunde (München) 1950, S. 75ff.

64 Ritz, Josef M., Über den Stand der fränkischen Möbelforschung. In: Fränkische Blätter (Bamberg) 2/1950, No. 13, S. 49ff.

65 Ritz, Josef M., Deutsche Bauernmöbel (= Wohnkunst und Hausrat, einst und jetzt, Bd. 2). Darmstadt (1954)

66 Rubi, Christian, Volkskunst am Berner Bauernhaus. Basel 1942

67 Rubi, Christian, Bauernmalerei aus drei Jahrhunderten (= Berner Heimatbücher 13–15). Bern 1948

68 Rumpf, Karl, Eine deutsche Bauernkunst (= Schriften des Hessischen Landesamtes für Volkskunde, Bd. 1). Marburg 1943

69 Rumpf, Karl, Frühformen hessischer Truhen. In: Zeitschrift des Vereins für Hessische Geschichte und Landeskunde 68/1957, S. 185ff.

70 Schlee, Ernst, Schleswig-Holsteinische Volkskunst (= Kunst in Schleswig-Holstein, Bd. 14). Flensburg 1964

71 Schmidt, Leopold, Volkskunde des Burgenlandes. In: Burgenland-Landeskunde. Hrsg. von der Burgenländischen Landesregierung. Wien 1951, S. 621ff.

72 Schmidt, Leopold, Rot und Blau. Zur Symbolik eines Farbenpaares. In: Antaios 4/1962, S. 168ff.

73 Schmidt, Leopold, Farbige Volksmöbel in Niederösterreich. In: Jahrbuch für Landeskunde von Niederösterreich (Wien) XXXVI/1964, S. 803ff.

74 Schmidt, Leopold, Bäuerliche Möbel aus Niederösterreich im Volkskundemuseum zu Berlin. In: 75 Jahre Museum für Volkskunde 1889–1964. Festschrift. Berlin 1964, S. 135ff.

75 Schmidt, Leopold, Volkskunde von Niederösterreich, Bd. I, Horn 1966, S. 310ff.

76 Schmidt, Leopold, Volkskunst in Österreich. Wien 1966

77 Schmidt, Leopold, Bauernmöbel aus Süddeutschland, Österreich und der Schweiz. Wien 1967

78 Schmolitzky, Oskar, Thüringer Volkskunst. Jena und Umgebung. Weimar 1950

79 Schmolitzky, Oskar, Volkskunst in Thüringen vom 16. bis zum 19. Jahrhundert. Weimar 1964

80 Schröder, Albert, Bemalter Hausrat in Nieder- und Ostdeutschland. Leipzig 1939

81 Schroth, Inge, Schwarzwaldmaler im 19. Jahrhundert. Lindau und Konstanz 1957

82 Schroth, Inge, Von der Uhrenschildmalerei in Furtwangen und Umgebung. In: Museumsfreund. Aus Heimatmuseen und Sammlungen in Baden-Württemberg (Stuttgart) 2/1962, S. 23ff.

83 Seyffert, Oskar, Von der Wiege bis zum Grabe. Ein Beitrag zur sächsischen Volkskunst. Wien (o. J., 1905?)

84 Sieber, Friedrich, Bunte Möbel der Oberlausitz (= Deutsche Akademie zu Berlin, Veröffentlichungen d. Institutes f. Deutsche Volkskunde, Bd. 6). Berlin 1955

85 Spamer, Adolf, Hessische Volkskunst. Jena 1939

86 Stegmann, Viktor, Die Holzmöbel des Germanischen Nationalmuseums. In: Anzeiger des Germanischen Nationalmuseums (Nürnberg) 1903, 1904, 1905, 1907, 1909, 1910

87 Ströbel, Rudolf, Schwenninger Schildmalerei. In: Museumsfreund. Aus Heimatmuseen und Sammlungen in Baden-Württemberg (Stuttgart) 2/1962, S. 36ff.

88 Sutter, Joseph, Wismutmalerei und ihre Technik. In: Maltechnik. Technische Mitteilungen für Malerei und Bildpflege (München) 69/1963, H. 2, S. 39ff.

89 Uebe, Rudolf, Deutsche Bauernmöbel. Berlin 1924

90 Walter, Max, Die Volkskunst im badischen Frankenlande. Karlsruhe 1927

91 Walter, Max, Bemalte Bauernmöbel im hinteren Odenwald. In: Bayerisches Jahrbuch für Volkskunde (München) 1954, S. 37ff.

92 Walzer, Albert, Baden-württembergische Bauernmöbel. Teil I: Bauernschränke. In: Museumsfreund. Aus Heimatmuseen und Sammlungen in Baden-Württemberg (Stuttgart) 8–9/1968

93 Wibel, F., Beiträge zur Geschichte, Etymologie und Technik des Wismuts und der Wismutmalerei. In: Jahrbuch der Hamb. Wissenschaftl. Anstalten VIII/1890

94 Zell, Franz, Bauernmöbel aus dem bayerischen Hochland. Frankfurt/M. 1899

95 Zell, Franz, Volkskunst im Allgäu. München 1902

Deutsche Volkskunst, Hrsg. von Erwin Redslob (Einzelmonographien)

96 Baden (Bd. XIII), H. Erich Busse. München (1938)

97 Bayern (Bd. IV), Hans Karlinger. München (1925)

98 Mark Brandenburg (Bd. II), Werner Lindner. München (1924)

99 Danzig (N. F.), H. B. Meyer. Weimar (1940)

100 Elsaß. Volkskunst im Elsaß (Erg. Reihe Bd. I), Ernst Polaczek. München (1929)

101 Franken (Bd. VI), Josef M. Ritz. München (1925)

102 Hessen (N. F.), Karl Rumpf. Marburg 1951

103 Niedersachsen (I), Wilhelm Peßler. München (1923)

104 Ostpreußen (Bd. X), Carl Heinz Clasen. München (1928)

105 Die Pfalz (Bd. XII), Theodor Zink. München (1931)

106 Pommern (Bd. XI), Fritz Adler. München (1930)

107 Die Rheinlande (Bd. III), Max Creutz. München (1924)

108 Sachsen (N. F.), Adolf Spamer. Weimar 1943

109 Schlesien (Bd. VIII), Günther Grundmann u. Konrad Hahm. München (1926)

110 Schleswig-Holstein (N. F.), Ernst Schlee. Weimar 1940

111 Schwaben (Bd. V), Karl Gröber. München (1925)

112 Steiermark (N. F.), Viktor Theiß. Weimar 1941

113 Thüringen (Bd. VII), Erwin Redslob. München (1926)

114 Westfalen (Bd. IX), Rudolf Uebe. München (1927)

Technik und Pflege

115 Deuerlein, Josef, Arbeitstechnisches zur Möbelbemalung. In: Das deutsche Malerblatt. Illustriertes Fachblatt für das Malerhandwerk (Stuttgart) 20/1949, H. 3, S. 92ff.

116 Gatz, Konrad, Lehrbuch des Malerhandwerks. München 1948

117 Gebhard, Torsten, Die volkstümliche Möbelmalerei in Altbayern. Mit besonderer Berücksichtigung des Tölzer Kistlerhandwerks. In: Bayerischer Heimatschutz (München) 32/1936 (insbes. S. 16ff.) Sonderabdruck: München 1937

118 Gebhard, Torsten, Zur Technik der alten Möbelbemalung. In: Das deutsche Malerblatt. Illustriertes Fachblatt für das Malerhandwerk (Stuttgart) 20/1949, H. 3, S. 90ff.

119 Machunze, Hanns, Restaurierung bemalter Bauernmöbel. In: Volkswerk. Jahrbuch des Staatl. Museums für Deutsche Volkskunde (Jena) 1/1941, S. 319ff.

120 Pracher, Rudolf, Über die Erhaltung alter Möbel im rechten Geist. In: Das deutsche Malerblatt. Illustriertes Fachblatt für das Malerhandwerk (Stuttgart) 20/1949, H. 3, S. 102ff.

121 Ringler, Josef, Das Alpbacher Haus und seine Möbel. In: Tiroler Heimatblätter (Innsbruck) 31/1956, H. 7–9, S. 70ff (S. 76)

122 Rubi, Christian, Berner Bauernmalerei aus drei Jahrhunderten (= Berner Heimatbücher No. 13-15). Bern 1948, (S. 24ff., T 26)

123 Rubi, Christian, Holzbemalen, Kerbschnitzen und verwandte Zieren. Bern 1951 (S. 81ff.)

124 Rubi, Christian, Holzbemalen und andere Ziertechniken. Ravensburg 1964 (S. 76ff.)

125 Rumpf, Karl, Eine deutsche Bauernkunst (= Schriften des Landesamtes für Volkskunde, Bd. 1). Marburg/L. 1943 (S. 80)

126 Schleifer, Luitpold, u. Federl, Siegfried, Techniken des Malens. 2 Bde., Ulm-Söflingen 1965 u. 1966 (insbes. Bd. 2, S. 34ff., 148ff., 152ff.)

127 Schroth, Inge, Von der Uhrenschildmalerei in Furtwangen und Umgebung. In: Museumsfreund. Aus Heimatmuseen und Sammlungen in Baden-Württemberg (Stuttgart) 2/1962, S. 23ff.

128 Sieber, Friedrich, Bunte Möbel der Oberlausitz (= Deutsche Akademie der Wissenschaften zu Berlin, Veröffentlichungen des Institutes für deutsche Volkskunde, Bd. 6). Berlin 1955 (S. 28)

129 Wahls, A. R., Holzschädlinge und deren Bekämpfung. In: Maltechnik. Techn. Mitteilungen für Malerei und Bildpflege (München) 72/1966, H. 1, S. 18ff.

130 Walzer, Albert, Baden-württembergische Bauernmöbel. Teil I: Bauernschränke. In: Museumsfreund. Aus Museen und Sammlungen in Baden-Württemberg (Stuttgart) 8–9/1968, (S. 54)

131 Wehlte, Kurt, Werkstoffe und Techniken der Malerei. Mit einem Anhang über Farbenlehre. Ravensburg 1968

132 (Nachtrag) Schier Bruno, Haus und Hausrat, in: Heimatkunde des Bezirkes Friedland in Böhmen. Herausgegeben von Erich Gierach und Josef Schubert. Allgemeiner Teil II enthält Seite 348 ff. die ausführlichste Darstellung alter Werkstattrezepte zur Bemalung von Bauernmöbeln, die bisher veröffentlicht wurde. (Kevelaer, 1968, Reprint.)

Die Angaben zu den historischen Techniken und zur praktischen Behandlung der volkstümlichen Möbel entstanden im Kontakt mit Herrn techn. Oberinspektor Otto Elberskirch, Bayer. Nationalmuseum München, Restaurierung.
Herr Prof. Kurt Wehlte, ehemals Leiter des Instituts für Technologie der Malerei an der Staatl. Akademie der bildenden Künste Stuttgart, hatte die große Freundlichkeit, das Manuskript dieses Abschnittes kritisch zu überprüfen und Systematisierungen im Sinne der modernen wissenschaftlichen Erforschung der Maltechnik vorzunehmen.
Beiden Herren sei an dieser Stelle sehr herzlich gedankt.

Nach Drucklegung des Farbabbildungsteiles erschien die Arbeit von Albert Walzer[92]. Sie brachte mit der Neuordnung des baden-württembergischen Materials auch die Korrektur der Lokalisierung von Abb. XVII: Der Schrank entstand nicht in der Baar, sondern im Hochschwarzwald.

Photonachweis

Textabbildungen

Augustinermuseum, Freiburg (Breisgau): 67
»Bayerisches Jahrbuch für Volkskunde«, München 1950: 7, 22
Bayerisches Landesamt für Denkmalpflege, München: 5, 6, 11, 12, 14, 15, 20, 23, 36, 71
Bayerisches Nationalmuseum, München: 73, 79
Blatner, Josef; München: 9
Burkholz, Alfred; Würzburg: 17, 44
Deggeller, Susanne; Wismut und die Geschichte der Wismutmalerei, »Maltechnik« Heft 2, 1963: 55
Deutsche Fotothek Dresden: 45, a, b, c; 50, a, 58
Deutsches Institut für Volkskunde, Münster (Westf.): 4
Germanisches Nationalmuseum, Nürnberg: 68
Gröber, Karl; München: 72
Gundermann, Würzburg: 21
Hahm, Konrad; »Deutsche Bauernmöbel«, Verlag Diederichs, Jena 1939: 46
Hillenbrand, Karl; »Möbel aus Württembergisch-Franken«, Silberburg-Verlag, Stuttgart 1956: 41, 55
Landesbildstelle Württemberg, Stuttgart: 42
Musée Gruérien, Bulle (Schweiz): 48, a
Österreichisches Museum für Volkskunde, Wien: 53
Ohser, Michael; München: 74, 80, 81, 82
Poschacher, Georg; Tittmoning (Obb.): 33
Poss, Oskar; Regensburg: 2
Preiss und Co., München: 35, 60
Ringler, J.; »Das Alpbacher Haus und seine Möbel« aus »Tiroler Heimatblätter« Heft 7/9, 1956: 16, 24, 26, 63
Ritz, Josef M.; München: 47, 56, 64
Ritz, Josef M.; »Deutsche Bauernmöbel«, Schneekluth-Verlag, Darmstadt 1954: 30, 37, 43, 51
Schlesisches Museum für Kunstgewerbe und Altertümer, Breslau: 31, 32
Schmidt-Glassner, Helga; Stuttgart: 1, 8, 10, 13, 19, 25, 27, 28, 34, 38, 39, 40, 49, 52, 57, 59, 61, 62, 65, 66, 69, 70, 83, 86, 87
Schweizerisches Landesmuseum, Zürich: 18
Sieber, Friedrich; »Bunte Möbel der Oberlausitz«, Akademieverlag, Berlin 1955: 29
Staatliches Museum für Volkskunst, Dresden: 3
Wahls, A. R.; Holzschädlinge und deren Bekämpfung, »Maltechnik« Heft 1, 1966: 75, 76, 77, 78
Wehlte, Kurt; Stuttgart: 84, 85

Farbtafeln

Bossert, H. Th.; »Volkskunst in Europa«, Verlag Wasmuth, Berlin 1938: XXXIX, XL, L
Fachschule für das Malerhandwerk, München: IV, XXXI
Hansmann, Claus; München: XX
Hillenbrand, Karl; »Möbel aus Württembergisch-Franken«, Silberburg-Verlag, Stuttgart 1956: XXXVII, XXXVIII
Keysselitz, Benno; München: V, XVI
Manninger, Karl; Pöcking (Obb.): VII, XLIV
Preiss und Co., München: I, II, III, IX, XIII, XIV, XV, XVII, XVIII, XXII, XXIII, XXV, XXVI, XXVIII, XXXII, XXXIII, XXXIV, XXXV, XXXVI
Rubi, Chr.; »Bauernmalerei«, Paul Haupt Verlag, Bern 1948: XLI, XLII, XLIII
Schlesisches Museum für Kunstgewerbe und Altertümer, Breslau: XXI
Schmidt-Glassner, Helga; Stuttgart: VI, VIII, X, XI, XII, XXVII, XLV, XLVI, XLVII, XLVIII, IL
Schröder, Albert; »Bemalter Hausrat in Nieder- und Ostdeutschland«, Schwarzhäupter-Verlag, Leipzig: XIX
Schroth, Inge; »Von der Uhrenschildermalerei in Furtwangen und Umgebung« aus »Der Musenfreund Aus Heimatmuseen und Sammlungen Baden-Württemberg« Heft 2: XXIX, XXX
Westermann, Georg; Braunschweig: XXIV

Nachwort

Die fünfte Auflage dieses Werkes entstand – wie bereits die dritte und vierte – nach dem Tode des Verfassers. In seinem Sinne wurden die durch die Forschungen der Zwischenzeit notwendig gewordenen Ergänzungen so eingefügt, daß Aufbau und Wesen des Buches unverändert blieben. Um einem offenbar weitverbreiteten Anliegen zu entsprechen, wurde jedoch der Bearbeitung von Geschichte und Erscheinung der volkstümlichen Möbelmalerei ein neues Kapitel angefügt, das eine umfassende Zusammenstellung der Techniken am bemalten Bauernmöbel sowie Ratschläge zu dessen Pflege enthält.

In großzügiger und dankenswerter Weise hat der Verlag wiederum eine wesentliche Erweiterung des Abbildungsteiles durchgeführt. Sie wurde in diesem Umfang durch das Entgegenkommen der Verlage Paul Haupt in Bern, Verlagsanstalt Tyrolia in Innsbruck, Schneekluth-Verlag in Darmstadt, Verlag Joseph Habbel in Regensburg, Silberburg-Verlag in Stuttgart, Akademieverlag in Berlin, Schriftleitung und Verlag der Zeitschrift »Museumsfreund« ermöglicht. Ihnen sei an dieser Stelle gedankt.

Der Bearbeiter selbst hat das Bedürfnis, für Rat und Unterstützung Herrn Dr. Manfred Bachmann, Generaldirektor der Staatl. Sammlungen Dresden, Herrn Dr. Franz Colleselli, Direktor des Tiroler Volkskunstmuseums, Innsbruck, Herrn Generalkonservator Prof. Dr. Torsten Gebhard, München, Herrn Prof. Dr. Franz Lipp, Museumsdirektor, Oberösterreichisches Landesmuseum, Linz, Herrn Konservator Dr. Hanswernfried Muth, Mainfränkisches Museum, Würzburg, Herrn Museumsdirektor a. D. Hofrat Dr. Josef Ringler, Innsbruck, Herrn Kirchenmaler und Museumsleiter Ludwig Wald, Fladungen/Rhön, Frau Konservator Dr. Eva Zimmermann, Badisches Landesmuseum, Karlsruhe, sehr herzlich zu danken.

Gislind M. Ritz

1 Brotschrank, »Bhalter«, aus Ostfranken,
spätes 17. Jahrhundert.
Wunsiedel/Oberfranken, Fichtelgebirgsmuseum

11 Himmelbett in der Art von Tölz/Oberbayern, 1655.
München, Bayerisches Nationalmuseum

III Truhe aus dem südlichen Oberbayern, 1790.
Ruhpolding/Oberbayern, Heimatmuseum

IV Truhe aus dem südlichen Oberbayern, 1653.
Tegernsee/Oberbayern, Heimatmuseum

v Schrank aus dem Alpbachtal/Tirol, 1724.
München, Bayerisches Nationalmuseum

VI Schrank, »Vogerlkasten«, aus dem Vöcklatal/Oberösterreich, 1830.
Linz/Donau, Oberösterreichisches Landesmuseum – Schloßmuseum

VII Schrank aus dem westlichen Oberösterreich, 1797. Privatbesitz

VIII Schrank, »Gnadenstuhlkasten« aus dem Raum Gunskirchen/Oberösterreich, 1793. Privatbesitz

IX Schrank, »Reiterkasten«, aus der Gegend von St. Florian in Oberösterreich, spätes 18. Jahrhundert. Passau/Niederbayern, Oberhausmuseum

x Schrank aus dem Zillertal/Tirol, 1766. Privatbesitz

XI Schrank aus Degerndorf/Inn, Oberbayern, von Anton Perthaler, 1788.
München, Bayerisches Nationalmuseum

XII Schrank aus dem Leitzachtal/Oberbayern, von Johann Böheim, 1778.
München, Bayerisches Nationalmuseum

XIII Truhe aus dem Zillertal/Tirol, 1820. Innsbruck, Tiroler Volkskunstmuseum

XIV Schrank aus Tölz/Oberbayern, 1835.
Landshut/Niederbayern, Stadt- und Kreismuseum

XV Fußbrett eines Himmelbettes aus Tölz/Oberbayern, um 1825.
München, Bayerisches Nationalmuseum

XVI Schrank aus der Gegend von Feuchtwangen/Mittelfranken, 1831. München, Privatbesitz

XVII Schrank aus der Baar/Baden, 1832. Freiburg/Breisgau, Augustinermuseum

XVIII Schrank aus Kematen bei Innsbruck/Tirol, 1770.
Innsbruck, Tiroler Volkskunstmuseum

XIX Schrank aus Suderode am Harz, von einem Herrenhuter Meister, 1781.
Quedlinburg/Sachsen, Schloßmuseum

xx Schrank aus der Oberlausitz/Sachsen, von einem Herrenhuter Meister, 1779.
Dresden, Staatliches Museum für Volkskunst

XXI Brotschrank, »Brotalmer«, aus Boberröhrsdorf,
Lkr. Hirschberg/Schlesien, frühes 19. Jahrhundert

XXII Eckwandschränkchen aus dem Allgäu, um 1800.
Immenstadt/Allgäu, Heimatmuseum

XXIII Flößertruhe aus Oberfranken, um 1830.
Kronach/Oberfranken, Heimatmuseum

XXIV Brautstuhl aus Jamund, Lkr. Köslin/Pommern,
1. Hälfte 19. Jahrhundert.
Ehem. Berlin, Museum für deutsche Volkskunde

XXV Stuhllehnen aus Bayern und Österreich, 1. Hälfte 19. Jahrhundert.
München, Bayerisches Nationalmuseum

XXVI Wiegen aus dem Allgäu, rechts 1780, links 1805. Kaufbeuren/Schwaben, Heimatmuseum

XXVII Kästchen mit Wismutmalerei,
städtisch, 2. Hälfte 17. Jahrhundert.
Karlsruhe/Baden,
Badisches Landesmuseum

XXVIII Runde Brautschachtel und rechteckige Spanschachtel aus Berchtesgaden, Brauttrüherl mit Wismutmalerei, städtisch, 17.–19. Jahrhundert. München, Bayerisches Nationalmuseum

xxix Uhr aus dem Schwarzwald,
1. Hälfte 19. Jahrhundert.
Freiburg/Breisgau,
Augustinermuseum

xxx Datumsuhr aus der Gegend von
Furtwangen/Schwarzwald, 2. Viertel
19. Jahrhundert. Schwenningen/Württemberg,
Heimatmuseum

XXXI Balkenbemalung, Zimmermannsarbeit, 19. Jahrhundert.
An einem Bauernhaus in Moosvogl, Lkr. Eggenfelden/Niederbayern

XXXII Seitenbretter eines Leonhardi-Wagens aus Tölz/Oberbayern, 1871.
Tölz, Heimatmuseum

XXXIII Wandvertäfelung einer Stube aus dem Tannheimer Tal/Tirol, 2. Hälfte 18. Jahrhundert.
München, Bayerisches Nationalmuseum

XXXIV Stubenausstattung aus Eggenthal, Lkr. Kaufbeuren/Schwaben, in der Art des F. X. Boos aus Baisweil, 1816. Kaufbeuren/Schwaben, Heimatmuseum

XXXV Bauernhochzeit, Szenenmalerei an einem Himmelbett von Johann Nepomuk Pichler aus Schliersee/Oberbayern, 1778. München, Bayerisches Nationalmuseum

XXXVI Wasserkübel aus Tirol, 1814.
München, Bayerisches Nationalmuseum

XXXVII Ausschnitt aus einer Schranktüre
von Johann Michael Rössler aus Untermünkheim am
Kocher/Württembergisch-Franken, wohl 1844.
Privatbesitz

XXXVIII Ausschnitt aus einer Schrank-
türe von Johann Michael Rössler aus
Untermünkheim am Kocher
in Württembergisch-Franken, 1845.
Privatbesitz

XXXIX Türfüllung eines Schrankes
aus dem Kanton Appenzell/Schweiz, 1766.
Zürich, Schweizerisches Landesmuseum

XL Türfüllung eines Schrankes
aus dem Kanton Appenzell/Schweiz, 1745.
Zürich, Schweizerisches Landesmuseum

XLI Ausschnitt aus einem Schrank aus dem unteren Emmental, Kanton Bern/Schweiz, 1735. Privatbesitz

XLII Truhenfüllung aus dem Oberaargau, Kanton Bern/Schweiz, 1738. Privatbesitz

XLIII Schrankfüllung aus dem Laupenamt, Kanton Bern/Schweiz, 1764. Privatbesitz

XLIV Schrankfüllung aus Niederbayern, 1837.
Landshut/Niederbayern, Stadt- und Kreismuseum

XLV (oben links)
Ausschnitt (Frühling) aus einer Schranktüre aus Baden, Ende 18. Jahrhundert. Karlsruhe, Badisches Landesmuseum

XLVI (oben rechts)
Ausschnitt (Sommer) aus einer Schranktüre aus Lenggries in Oberbayern, 1845. Tölz/Oberbayern, Heimatmuseum

XLVII (unten links)
Ausschnitt aus einer Schranktüre aus Tölz/Oberbayern, 1821. Tölz, Heimatmuseum

XLVIII (unten rechts)
Ausschnitt aus dem Fußbrett eines Himmelbettes aus Tölz in Oberbayern, um 1820–1830 (Abb. 58). Tölz, Heimatmuseum

II. Ausschnitt aus einer Stubentüre, unteres Traunviertel, um 1790. (Abb. 1).
Linz/Donau, Oberösterreichisches Landesmuseum – Schloßmuseum

L Zwei Türfüllungen von einem Schrank des Franz Baier aus Steinbach bei Mudau/Baden, 1830 (Abb. 43). Karlsruhe, Badisches Landesmuseum